建筑创作与构思方法

主编 屈培青

中国建筑工业出版社

图书在版编目（CIP）数据

建筑创作与构思方法 / 屈培青主编. —北京：中国建筑工业出版社，2013.12
 ISBN 978-7-112-16160-7

Ⅰ.①建… Ⅱ.①屈… Ⅲ.①建筑设计 Ⅳ.①TU2

中国版本图书馆CIP数据核字（2013）第285390号

责任编辑：费海玲　杜一鸣
责任设计：陈　旭
责任校对：姜小莲　赵　颖

建筑创作与构思方法
主编　屈培青
*
中国建筑工业出版社出版、发行（北京西郊百万庄）
各地新华书店、建筑书店经销
北京美光设计制版有限公司制版
北京方嘉彩色印刷有限责任公司印刷
*
开本：787×1092毫米　1/12　印张：24　字数：605千字
2014年1月第一版　2014年1月第一次印刷
定价：248.00元
ISBN 978-7-112-16160-7
　　　（24901）

版权所有　翻印必究
如有印装质量问题，可寄本社退换
（邮政编码　100037）

FOREWORD 序　言

在当今，用计算机进行建筑设计的时代，很多年轻的建筑师在建筑创作过程中，已经放弃了徒手草图和方案构思的传统设计手法，直接用电脑在拼方案。其实，在放弃手绘基本功的同时，我们建筑师传统的创作底蕴和建筑师美学修养也随之流失了。而今天，屈培青教授带领着一批优秀的建筑学研究生和他工作室的主创设计师们，还能坚持不懈地坚守和传承我们传统的建筑创作手法，用手绘草图进行方案构思创作，实数难能可贵。在我国城镇化快速发展时期，建筑事业如日中天，时代需要有一大批这样的优秀建筑师来引领年轻的创作团队，将扎实的基本功和艺术修养与建筑创作有机地结合在一起。现在，屈培青教授将他长期带研究生的教学方法和屈培青工作室创作团队的作品以书的形式总结出来，奉献给业界。这对于建筑学院的学生和设计院年轻的主创设计人员来说，都是一本很好的指导书、教科书和工具书。

本书收集了屈培青教授培养的研究生大量手绘作品，也总结了培养历届研究生的过程和方法，更为可贵的是将他多年收集的各种建筑照片用构成的建筑语言分类，并将学生的构成作业与建筑横向联系对比，从而启发学生的创作构思能力和解读建筑元素的方法。从这本书中我们看到屈培青教授不仅是一位优秀的建筑师，而且还是一位优秀的研究生导师，他不但授之予"鱼"，而且教之予"渔"。据我们所知，在西安建筑科技大学，由于他的好声望，每年报屈培青导师的研究生都会超编。他所带出来的研究生，已遍布在全国各地的设计院，大部分都在各自的岗位担当主创设计师。他为我国建筑界培养新生力量作出了应有的贡献。

屈培青教授出身建筑世家，从小成长在中国建筑西北设计研究院大院，他的童年正赶上一个画大幅宣传画的时代，大院里每每画宣传画时，总有许多小孩子围观，而当人们散去，最后一个观众总是少年的屈培青。设计院的文化和家庭熏陶对他的影响很大，他子承父业选择了他喜欢的建筑专业，当他学业有成回到西北院后，能够沉下心来刻苦学习，虚心拜前辈为师，经过长期刻苦练习，形成了自己独特的建筑画风格，在1991年全国建筑画大赛中就有很多作品获奖，在年轻建筑师中脱颖而出。从一名建筑师到室主任、院总建筑师，建筑创作硕果累累，人到中年，名满长安，在新世纪之初，已成为我们建筑界第四代之佼佼者。屈培青教授的成长历程，也就是本书《建筑创作与构思方法》之实证。我们想，各位读者在阅读本书之后，亦会与我们有此共识吧！

张锦秋、韩骥
2013年初冬于古都西安

张锦秋
中国工程院院士
中国工程建设设计大师
中国建筑西北设计研究院有限公司院总建筑师

韩骥
西安市规划委员会总规划师
清华大学兼职教授
建设部城乡规划专家委员会委员

屈培青

中国建筑西北设计研究院	院总建筑师
屈培青工作室	工作室主任
国家一级注册建筑师	
教授级高级建筑师	

社会职务：

中国建筑学会建筑师分会人居环境专业委员会	副主任委员
中国建筑学会	资深委员
中国城市规划学会居住区学术委员会	委员
西安市规划委员会专家咨询委员会	委员

学术职务：

西安建筑科技大学	建筑学院	兼职教授，硕士研究生导师
西安交通大学	人居环境与建筑工程学院	兼职教授，硕士研究生导师
厦门华侨大学	建筑学院	兼职教授，硕士研究生导师

1984年评定为陕西省新长征突击手
1998年入选陕西省"三五人才工程"享受政府特殊岗位津贴
1998年全国手绘建筑画大赛评委
2001年被中国建筑工业出版社编入《中国四代建筑师》一书
2010年评为陕西省优秀勘察设计师

QU PEIQING

· Chief Architect, China Northwest Architectural Design and Research Institute
· Director of Qu Peiqing Studio
· National 1st Class Registered Architect
· Professor of Architecture

Professional Affiliations:
· Vice Dean of Human Settlements Council, Architectural Society of China
· Senior Member, Architectural Society of China
· Member of Academic Housing Committee, Urban Planning Society of China
· Member of Advisory Committee, Urban Planning Commission of Xi'an

Professional Experience:
· Adjunct Professor
· College of Architecture, Xi'an University of Architecture and Technology
· School of Human Settlements and Civil Engineering, Xi'an Jiaotong University
· School of Architecture, Huaqiao University

· Assessed as the new Long March of Shaanxi province in 1984
· Selected in THIRD FIVE TALENTS PROJECT of Shaanxi province in 1998 and received special government allowance
· The judge of National Hand-painted Architectural Drawing Contest in 1998
· Written in the FOUR GENERATIONS OF CHINESE ARCHITECTS by China architecture and building press in 2001
· Assessed as the outstanding designer in Shaanxi Province in 2010

主编：
屈培青

编委：
徐健生　屈　张　高晨子　高羽　何玥琪　梁辰
刘汉　刘林　吴丹　张文静　张雪蕾　朱原野

Chief Editor:
Qu Peiqing

Editor:
Xu Jiansheng　Qu Zhang　Gao Chenzi　Gao Yu　He Yueqi　Liang Chen
Liu Han　Liu Lin　Wu Dan　Zhang Wenjing　Zhang Xuelei　Zhu Yuanye

PREFACE 前　言

我从小生活在一个建筑之家，我的外祖父是我们家第一代建筑师，1955年响应国家和上海华东院支援大西北的号召，与华东院的一批建设者们，从上海举家迁移到西安中国建筑西北设计研究院工作。我父亲是我们家第二代建筑师，1955年大学毕业后响应国家支援大西北号召，分配到中国建筑西北设计研究院工作，我从小在西北院的大院慢慢长大，受家庭及大院文化的影响，耳濡目染的都是建筑语言及建筑文化，看着大人们在绘画和设计大楼，使我从小也喜爱上了绘画，同时有了一个梦，梦想长大成为一名建筑师，传承外祖父和父亲的专业，设计我喜欢的房子。

后来我实现了我的这个梦，成为了我们家第三代建筑师，在大学里学习素描、水彩画、水粉画、钢笔画、画渲染图，学习建筑创作与设计，从美学中去解读了建筑。大学毕业，又回到了从小生活的西北院。在大院里那些我从小仰慕和崇拜的叔叔、阿姨们一下成了我的老师，我能在他们零距离的指导下学习和工作了，当时感到十分的荣幸。我开始静下心来拜老师、学绘画、做创作。通过学建筑画让我享受到了艺术的快乐、提高了解读建筑的语言的能力。而通过建筑创作又提高了我的建筑绘画的表现能力和美学修养。

我工作了十几年后，也开始带年轻的建筑师，当我想把我的老师们教给我的绘画技能和创作方法传授给我的学生的时候，电脑时代到来，电脑辅助设计在设计方法上给我们带来了天翻地覆的变化，用电脑绘图提高了设计速度，图纸设计更加精准，图纸表达更加精美，但是电脑也冲击着我们徒手草图和手绘渲染图。传统美学的设计思路和设计手法被电脑设计割裂，使我们建筑学的学生在学校过早地减少和放弃了美术训练，钢笔草图和手绘建筑渲染图，直接进入了用电脑拼方案的时代。艺术的灵感，美学的修养被电脑所限制和割裂。当我成为了研究生导师的时候，突然发现我的学生在熟练掌握CAD画图及SKETCH UP模型制作等电脑设计软件的同时，放弃和扔掉了我们传统的建筑创作的灵魂——钢笔画草图和手绘渲染图。我与他们之间出现了建筑对话的隔阂。后来我不得不给我的研究生补大学的课程，在我培养每一届研究生的三年学习计划中，第一年学生除了在学校学完规定的课程后，每学期增加150~200张钢笔画，寒暑假假期增加100张钢笔画训练，同时增加大量的构成作业。通过一年基础课的训练，大部分学生能用钢笔草图进行方案对话，同时也提高了对建筑的解读能力，掌握了手上基本功。到了研二阶段，在我们工作室用一年的时间学习方案创作及设计方法。用钢笔草图进行方案设计速度快、思路广，可以极大提高学生的创作能力和创作思维，所以在这一年里我要求学生们必须用钢笔草图进行方案构思和初步设计。这使得这批研究生毕业后能马上融入设计院的建筑创作队伍中，很快成为单位的主创设计人员。这本书大部分钢笔画和工作草图都是我的学生和我们工作室主创设计师的作品。学生在工作室主创设计师的指导下进行设计，毕业后又能迅速成长为新的主创人员，通过这种学习兼顾实践的传承方式，已经形成一种梯队。我带研究生已有十几年了，通过实践探索，总结出了一套教学思路和方法，这种方法在建筑学院得到了很好的反映，每当我讲建筑创作这门课的时候，学生们都会挤满课堂，渴望了解创作方法，这也是我想整理出这本书的主要原因，也希望我们一批批建筑学的学生都能有一个正确的学习方法和思路，走到我们传统建筑创作的这条道路上来。

这本书也是我自己的一段经历和感受，走到今天我做了我一生中最感兴趣的两件事。第一件事是选择了我喜欢的建筑专业，作为一名建筑师，能够有项目做并且做好项目，这是我们最大的希望。而我们的作品最终能够得以实现并被认可，这是对建筑师的最高嘉奖。不管我创作的作品达到了什么水平，我一直在努力追求着创作，创作给我带来快乐，创作使我广交朋友。创作是幸福的，也是艰辛的，但艰辛的前面是快乐、是希望。因为每当我完成一件作品，总是感到有很多缺陷和不足在里面，带着这种遗憾和不满，激励着我进行下一个创作。通过创作之路，使我对建筑艺术和自己有了不断认识和提高，并且有一个永无止境的追求目标，对建筑艺术和人生哲理也有一个更加理性的认识和理解，也使我心态更加平和。二十多年来，我所做的每一个项目不能说有多高的水准，只能说我都尽心去做了，同时在享受创作的过程。第二件事是能成为大学的一名硕士研究生导师，培养了一批建筑专业的学生，我与他们同学习、共研究，实践建筑理论，享受建筑创作，其乐融融。

今天也不能说我是一个成功者，只能说是一个幸运儿，做了一生中我心里喜欢的两件事。第一，圆了我想做一个真正建筑师的梦；第二，带了一批可爱的学生，这也就够了，因为一个人如果梦想成真，那是最幸福和快乐的。最后，我要感谢中国建筑西北设计研究院和历届院领导为我和我们的团队搭建的创作平台，感谢我的老师把我培养成为一名优秀的职业建筑师，感谢我的学生们与我共享建筑创作的快乐。

中国建筑西北设计研究院有限公司院总建筑师

西安美院水粉画（作者：屈培青）
Xi'an Academy of Fine Arts
1991年全国建筑画大赛获奖作品并编入1991年《中国建筑画选》一书

太白大酒店水粉画（作者：屈培青）
The Taibai Grand Hotel
1991年全国建筑画大赛获奖作品并编入1991年《中国建筑画选》一书

目录 CONTENTS

序言		FOREWORD
前言		PREFACE
钢笔画技能	**001**	**SKILL OF PEN SKETCH**
民居及欧式建筑	002	SKETCHES OF CHINESE TRADITIONAL HOUSING AND WESTERN ARCHITECTURE
公共建筑钢笔表现	026	SKETCHES OF PUBLIC BUILDING
马克笔及水彩表现	050	SKETCHES WITH MARKER AND WATERCOLOR
工作草图	063	THINKING WITH SKETCH
建筑师艺术修养	101	AESTHETIC KNOWLEDGE IN ARCHITECTURE
建筑与构成	**112**	**COMPOSITION IN ARCHITECTURE**
平面构成	113	PLANE COMPOSITION
色彩构成	122	COLOR COMPOSITION
立体构成	155	CUBIC COMPOSITION
肌理构成	206	TEXTURE COMPOSITION
韵律构成	241	RHYTHM COMPOSITION
仿生学构成	263	BIONIC COMPOSITION
构成元素与地域文脉	269	ELEMENTS AND REGIONAL CONTEXT
本书手绘作品及构成作业作者名单	**277**	**AUTHOR LIST OF HAND-PAINTED WORKS AND COMPOSITION WORKS**

SKILL OF PEN SKETCH
钢笔画技能

钢笔画及钢笔速写草图不仅仅是建筑师进行方案构思时最快捷和最直接的表达建筑创作的手段，也是建筑师建筑创作基本功底的体现。训练和提高建筑钢笔画法的技法，不只是提高钢笔绘画的美术能力，更主要的是提高艺术鉴赏能力和方案设计能力。因为我们在训练大量钢笔画的过程中，第一是记录大量的建筑语汇，第二是掌握钢笔绘画技法，第三是当手上已经控制了建筑构图的基本原理之后，能使我们手脑并用，脱手成图。就像我们学习语文，平时学习背诵了大量的短文、范文，到了写文章和讲演的时候，就能做到脱口成章。

现在我们很多建筑学的学生放弃了徒手草图的训练和提高，把建筑创作中最基本的方案草图阶段扔掉了，直接进入了用SketchUp模型去做方案，SketchUp模型只能作为我们方案构思过程后期的一种辅助工具，用SketchUp模型来推敲我们的创作想法，并对我们的方案立意从比例、尺度、空间上加以校正，并不能直接用SketchUp模型来作为立意和创作手法，如直接用SketchUp模型做构思，将会限制你的创作思维。不经过手绘和钢笔画的训练，就不可能提高设计者的建筑艺术表现力及建筑创作的表达能力，而且若是创作功力不够，再加上创作方法不对，直接用SketchUp模型去做方案，做出的方案只能是东拼西凑、没有章法且没有美感的建筑堆砌。所以钢笔画是我们建筑创作中最基本、最能反映实力的一种方案表达能力。

钢笔画技能 SKILL OF PEN SKETCH
民居及欧式建筑
SKETCHES OF CHINESE TRADITIONAL HOUSING AND WESTERN ARCHITECTURE

软线练习： 钢笔画的训练分为三个阶段。在最初接触钢笔画时，对画笔控制不熟练，应该多进行曲线较多的建筑的练习，而不适宜练习直线条较多的建筑画。在这一阶段应多进行民居建筑、传统古建、小型欧式建筑的临摹练习，可以放松手腕绘制线条，使笔法自然灵活。

001
001.南京夫子庙秦淮河写生　　（作者：韩君华）
Kongfuzi Temple and Qinhuai River in Nanjing

002.三原县城隍庙写生（作者：韩君华）
Chenghuang Temple, Sanyuan

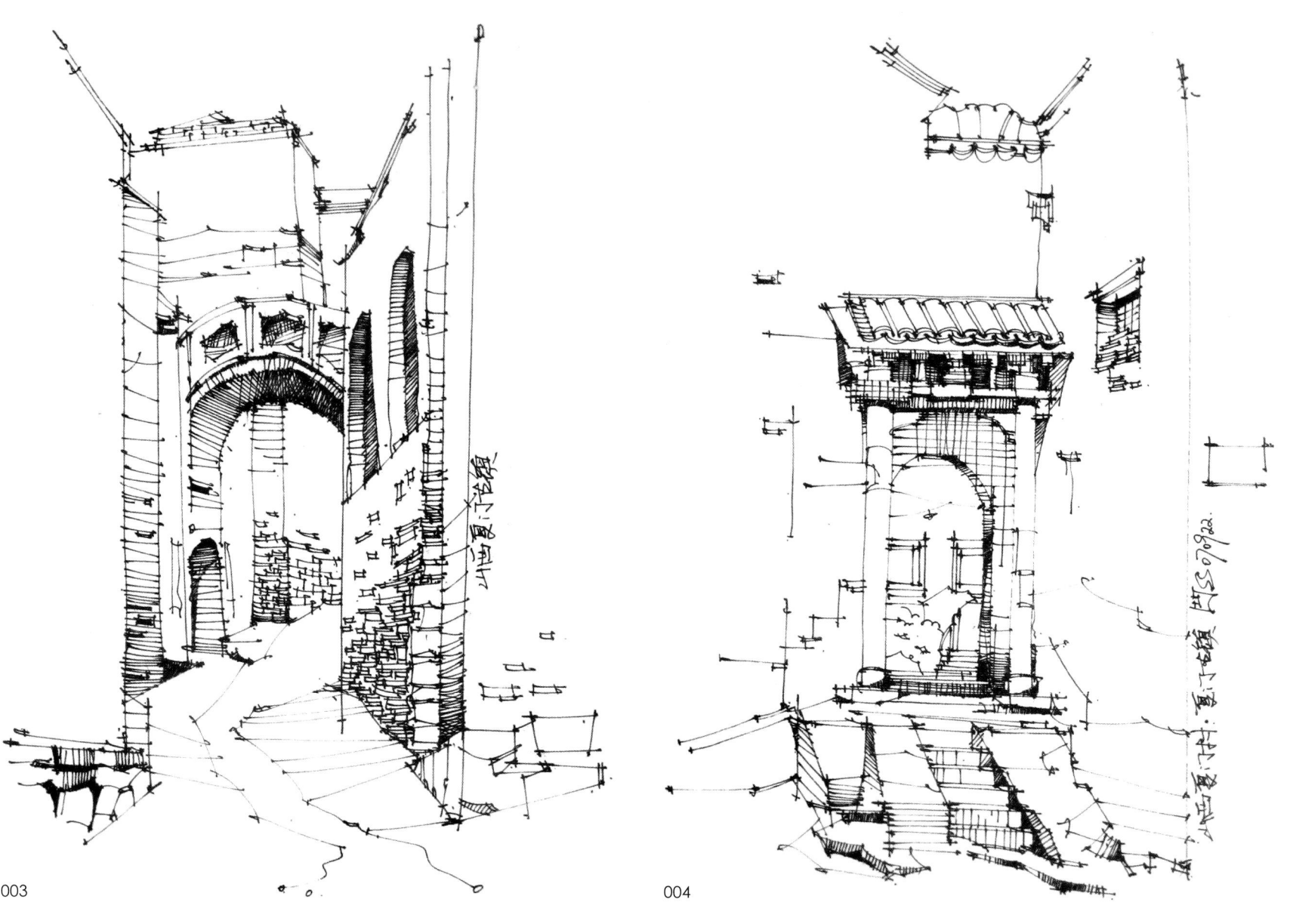

003、004.山西晋中夏门古镇写生（作者：韩君华）
Sketch in Xiamen Old Town, Shanxi

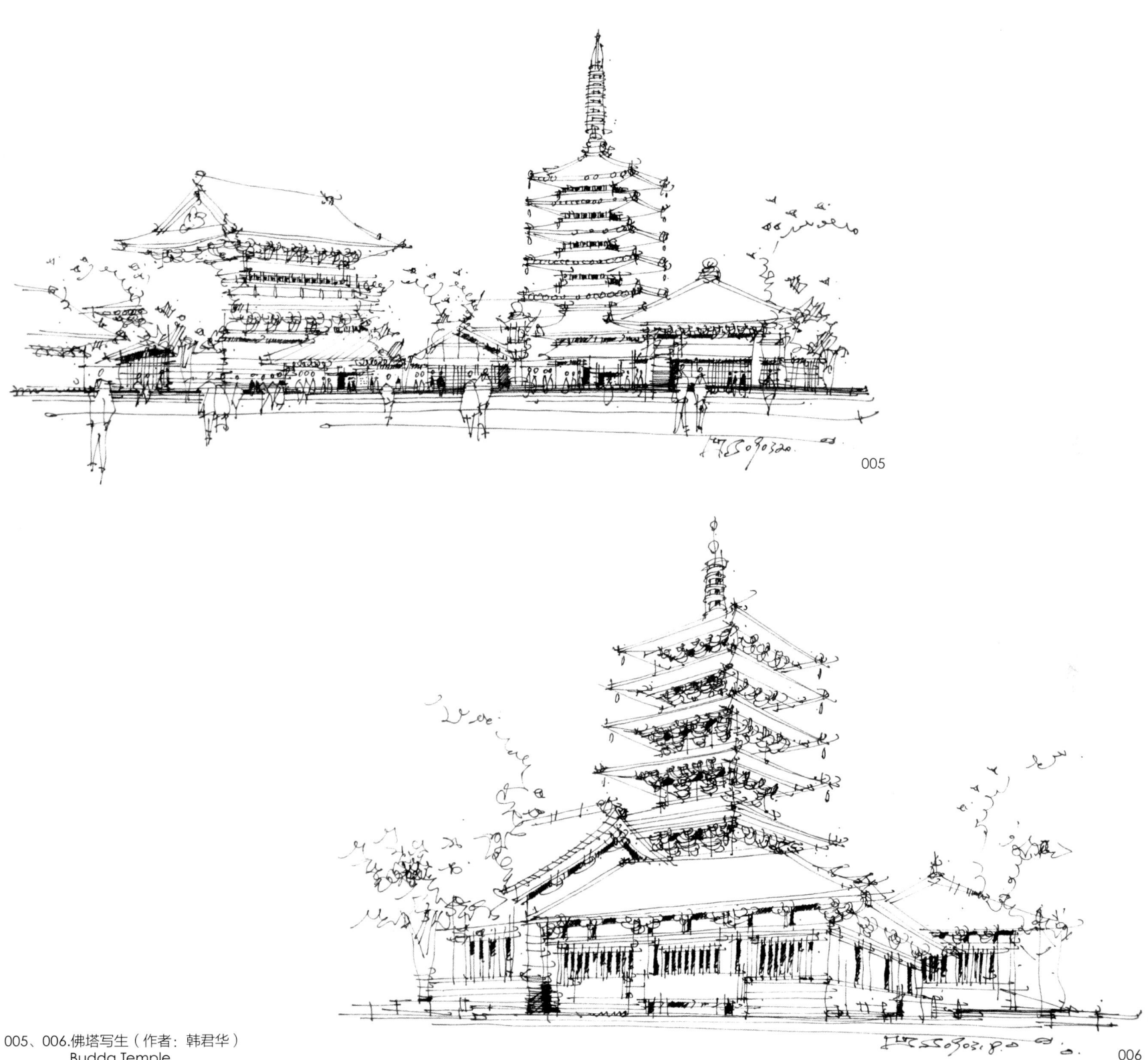

005、006.佛塔写生（作者：韩君华）
Budda Temple

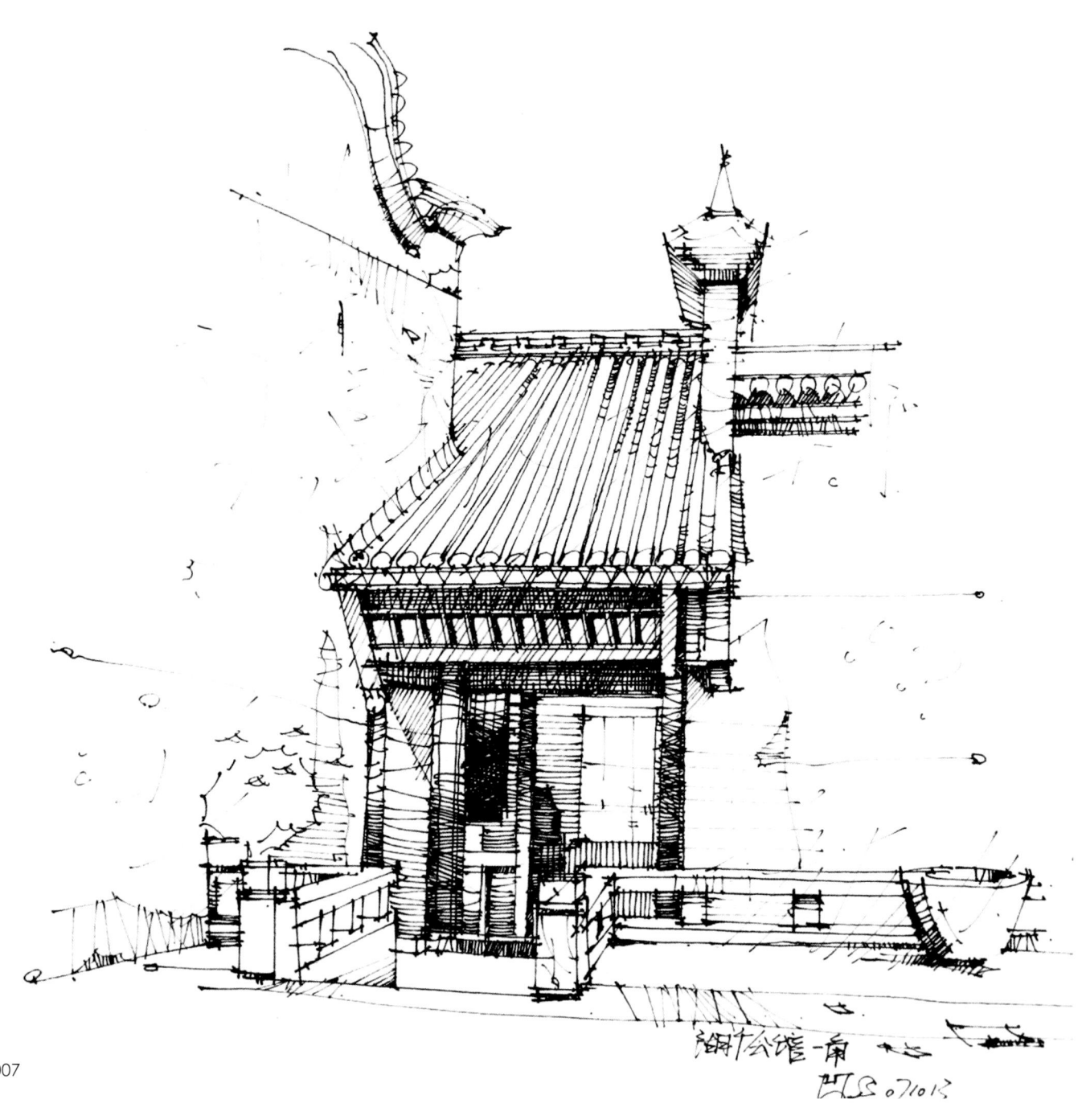

007.重庆市湖广会馆写生（作者：韩君华）
Hall of Huguang, Chongqing

008.山西晋中夏门古镇写生（作者：韩君华）
Sketch in Xiamen Old Town, Shanxi

009.法门寺内景写生（作者：韩君华）
Famen Temple

010.某港口小建筑写生（作者：韩君华）
A Small Building

011

012

011.民居临摹（作者：李大为）
Old Town of Chengdu

012.街景临摹（作者：李大为）
Streets of Chengdu

010　**钢笔画技能**　民居及欧式建筑

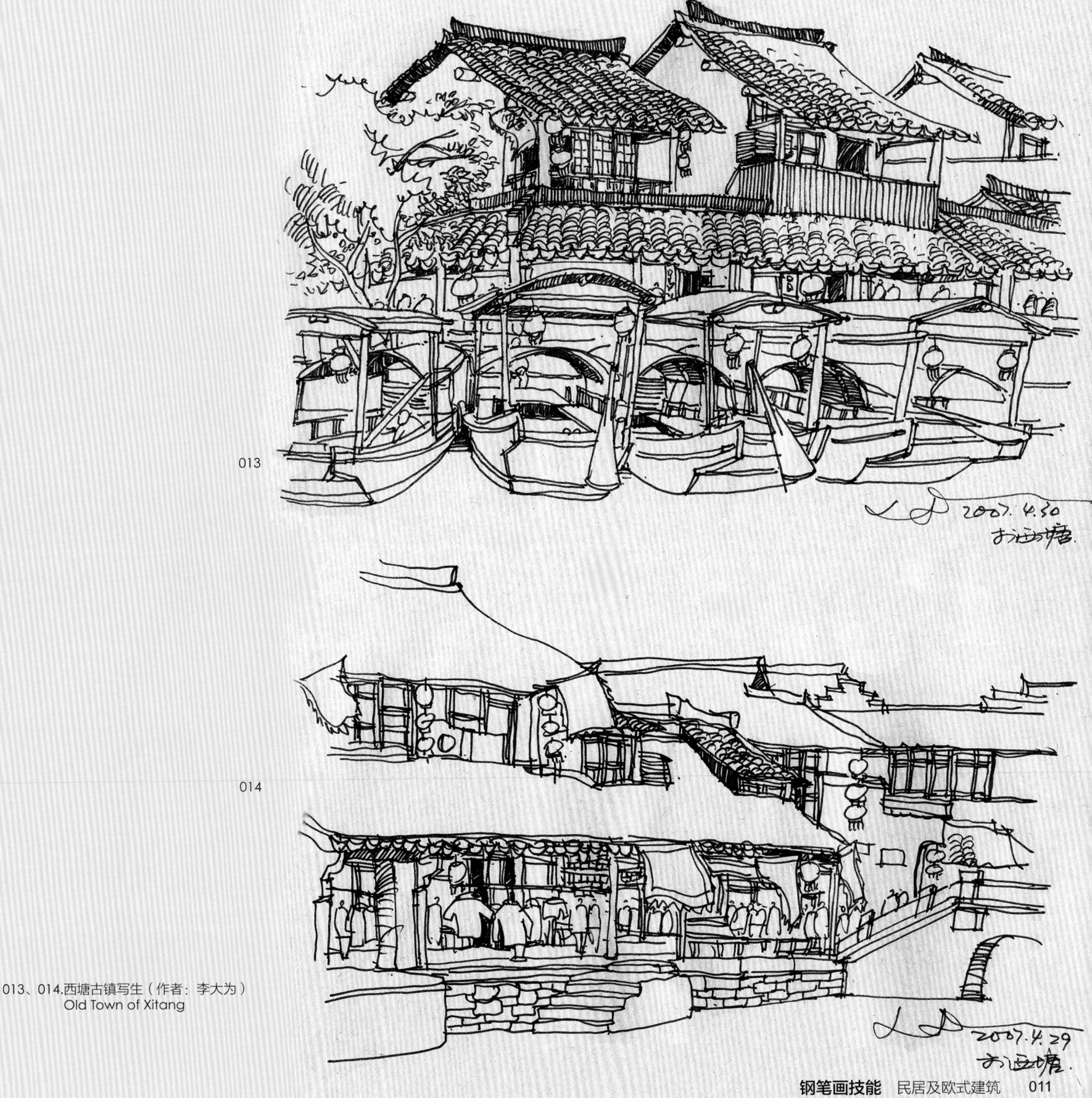

013、014.西塘古镇写生（作者：李大为）
Old Town of Xitang

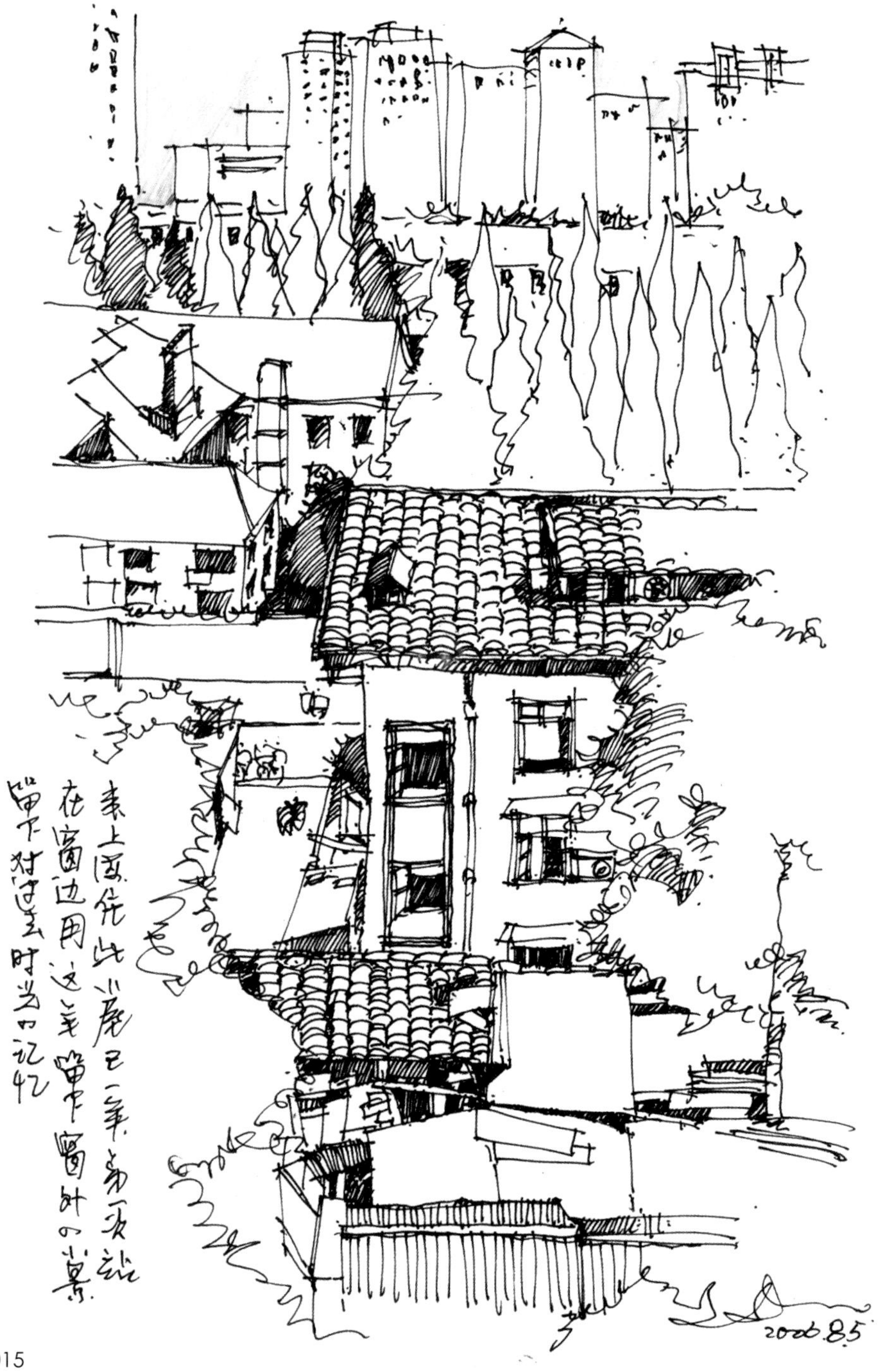

015

016

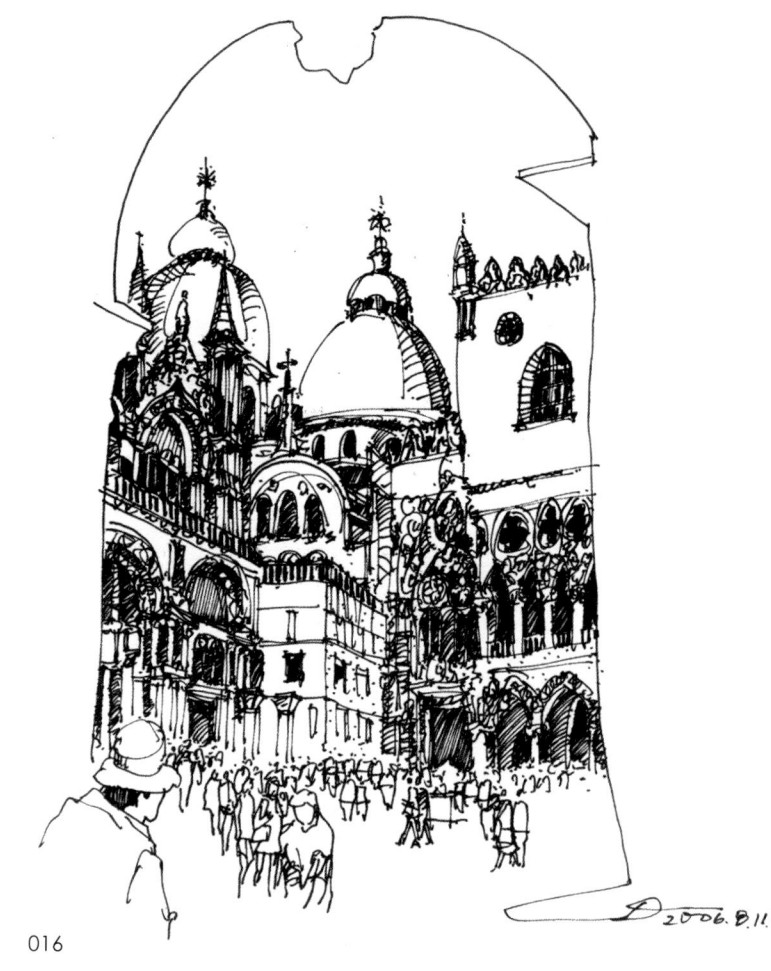

015.上海写生　　　　（作者：李大为）
Sketch in Shanghai

016.欧式建筑照片临摹（作者：李大为）
European Buildings

017.欧洲教堂临摹　　（作者：曹 易）
Medieval European Church

018.罗马万神庙照片写生（作者：刘 汉）
Pantheon in Rome

017

018

钢笔画技能　民居及欧式建筑　　013

019.清华大学校门写生（作者：屈 张）
Gate of Tsinghua University

020.清华大学礼堂写生（作者：屈 张）
Hall of Tsinghua University

021. 柏林大教堂写生 （作者：屈　张）
Berlin Cathedral

022. 柏林尼古拉老城区写生（作者：屈　张）
The Nicola District of Berlin

023、024.贵州苗寨写生（2006中国手绘建筑画大赛获奖作品）（作者：徐健生）
Village of Guizhou

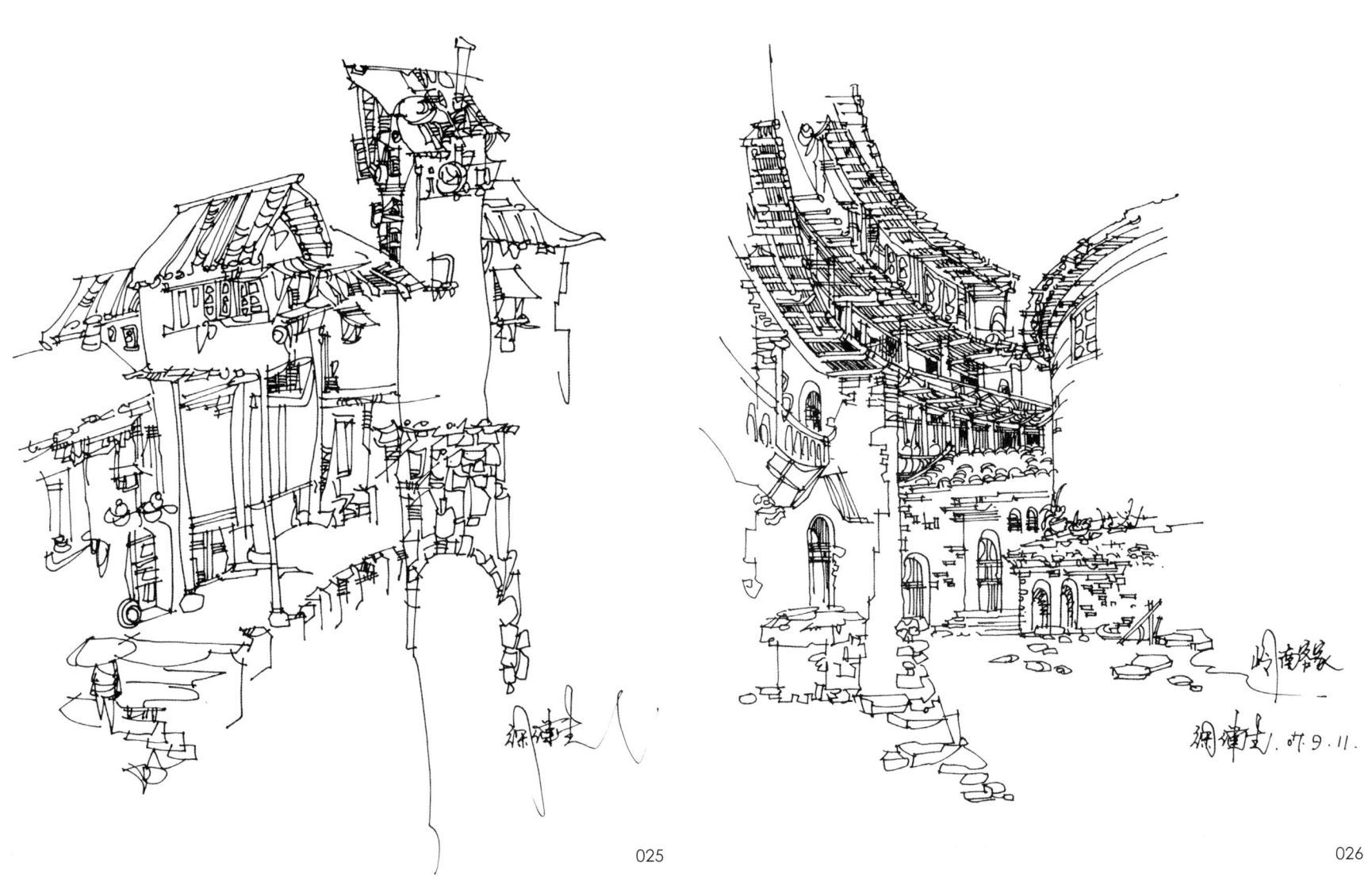

025.重庆吊脚楼写生　　　　　　（作者：徐健生）
Traditional Dwelling Houses of Chongqing

026.岭南客家民居写生　　　　　（作者：徐健生）
Traditional Dwelling Houses of Southern China

027、028.传统民居写生（作者：徐健生）
Traditional Dwelling Houses

029.韩城党家村写生 （作者：徐健生）
Dangjia Village in Hancheng

030、031.巴黎街景手绘临摹（作者：徐健生）
Copy of Streets in Paris

032、033.巴黎街景手绘临摹（作者：徐健生）
Copy of Streets in Paris

034

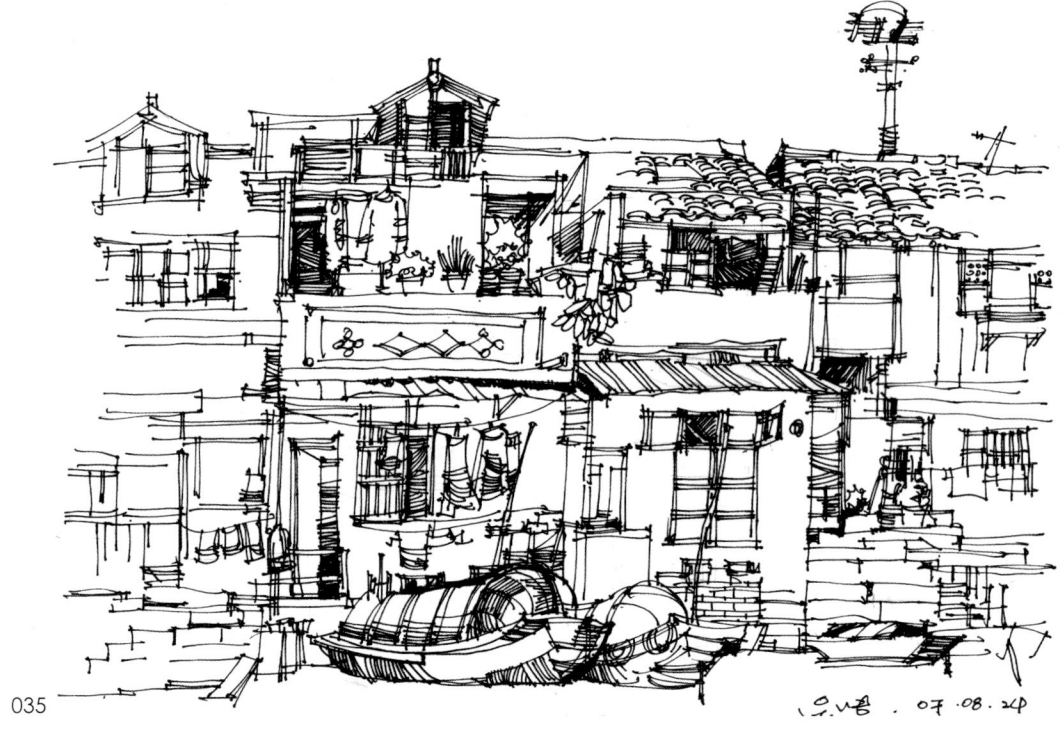

035

034.绍兴水乡写生（作者：李　照）
Rural House in Shaoxing

035.民居临摹　　（作者：屈　张）
Village of Guizhou

036.碉楼临摹　　（作者：刘　林）
Traditional Tibet House

037.吊脚楼临摹　（作者：高晨子）
Traditional Southwest House

036

037

038

039

040

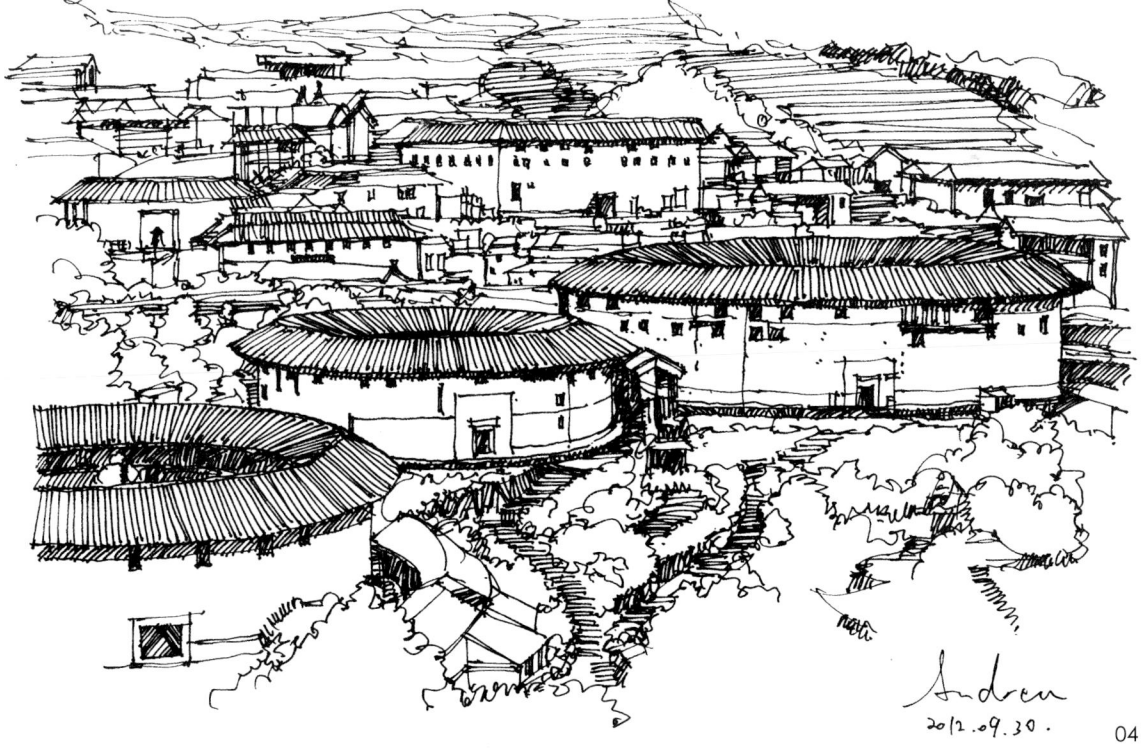

041

038.吊脚楼临摹 （作者：何玥琪）
Traditional Southwest House

039.传统民居写生（作者：朱原野）
Traditional Streets

040.民居临摹 （作者：张文静）
Traditional Dwelling

041.福建土楼临摹（作者：张雪蕾）
Traditional Dwelling in Fujian

钢笔画技能 SKILL OF PEN SKETCH
公共建筑钢笔表现
SKETCHES OF PUBLIC BUILDING

硬线练习： 当我们第一阶段的线条练习得比较流畅以后，可以进行下一阶段的直线条练习，这时我们就需要进行公共建筑的写生训练，这个阶段主要练习透视感和直线的控制力；同时，在这个阶段里，通过公共建筑的写生训练，我们也大量地丰富了建筑形体的信息量，为我们进行建筑创作打下一些基础，使我们将来在建筑创作中能脱手成图。

043

在建筑钢笔画的创作过程中，我们可以适当地降低视点，减少地面的图幅，以此突出建筑的主体地位，提升建筑的挺拔感。

042.商业区写生　（作者：韩君华）
Medium-sized Building Sketch

043.建筑写生　（作者：韩君华）
Large Building Sketch

044.建筑写生　（作者：韩君华）
A Building Sketch, Yokohama

044

045

045.街景写生(作者:韩君华)
Streetscape Sketch

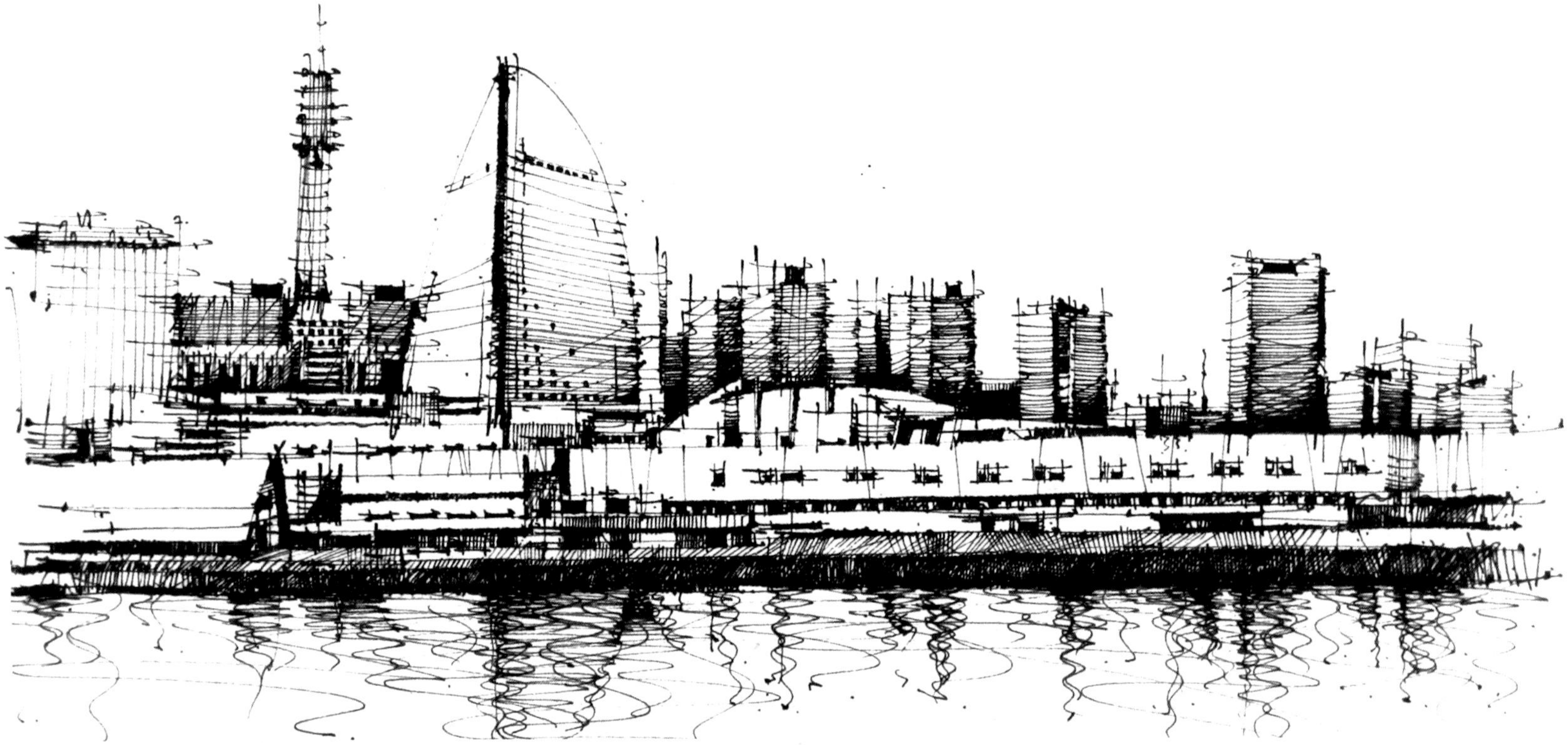

046

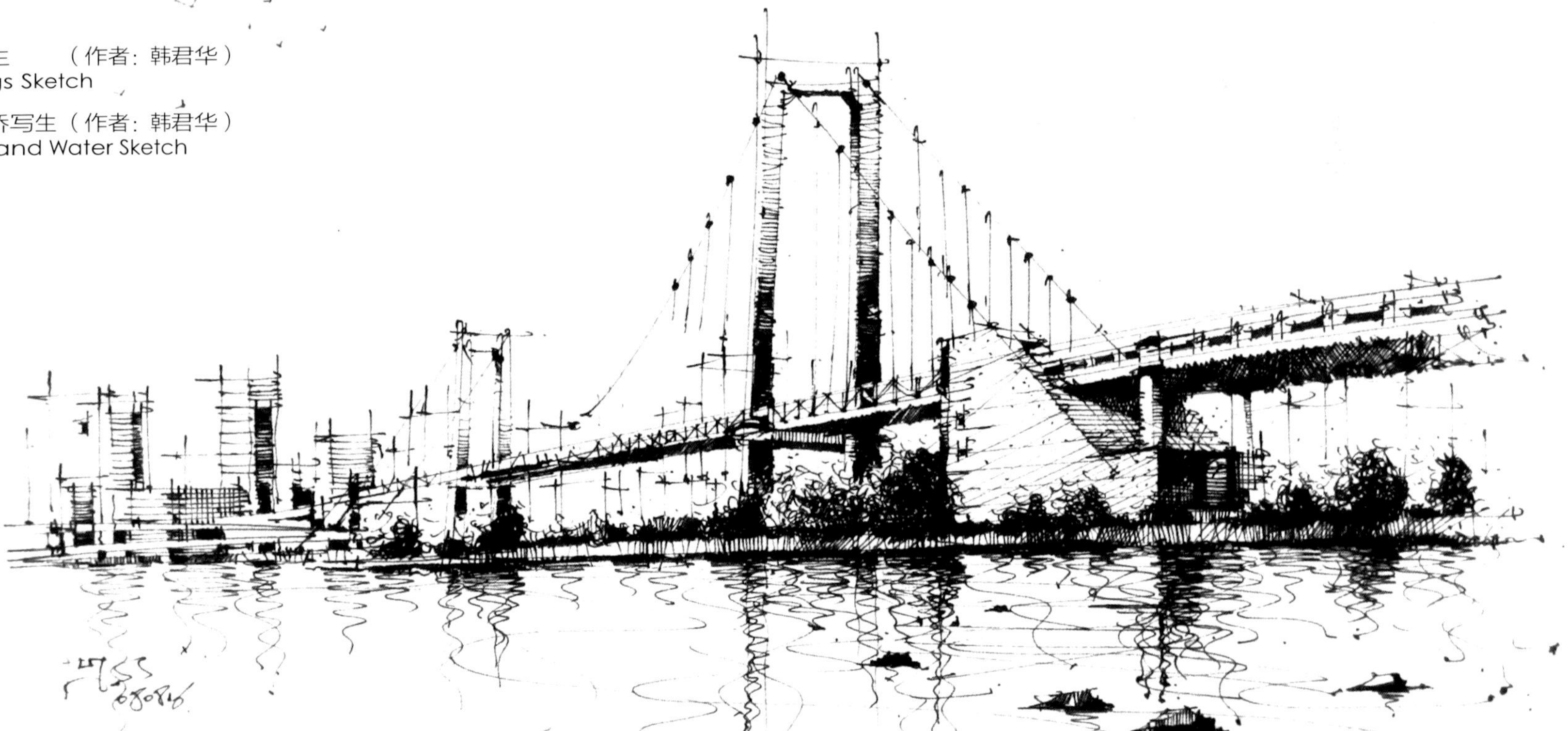

047

046.建筑写生　　（作者：韩君华）
Buildings Sketch

047.跨海大桥写生（作者：韩君华）
Bridge and Water Sketch

064.贾平凹文学艺术馆实景写生　　（作者：李大为）
Sketch of Jia Pingwa Literature & Art Gallery

065.美国联邦大厦照片写生　　　（作者：李大为）
Sketch of U.S. Federal Building

064

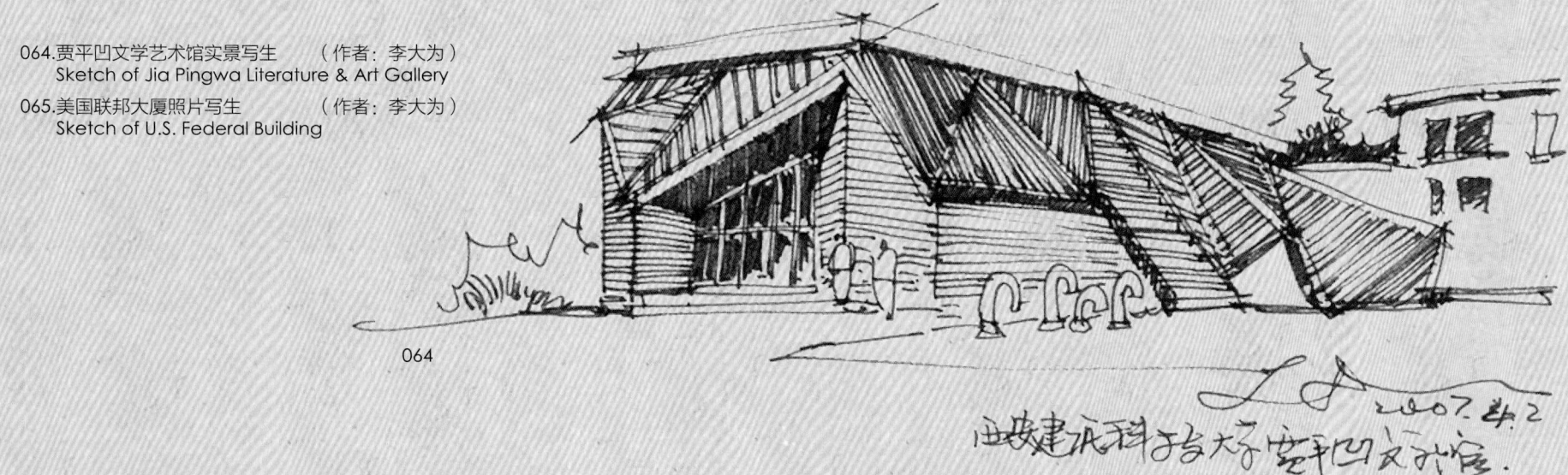

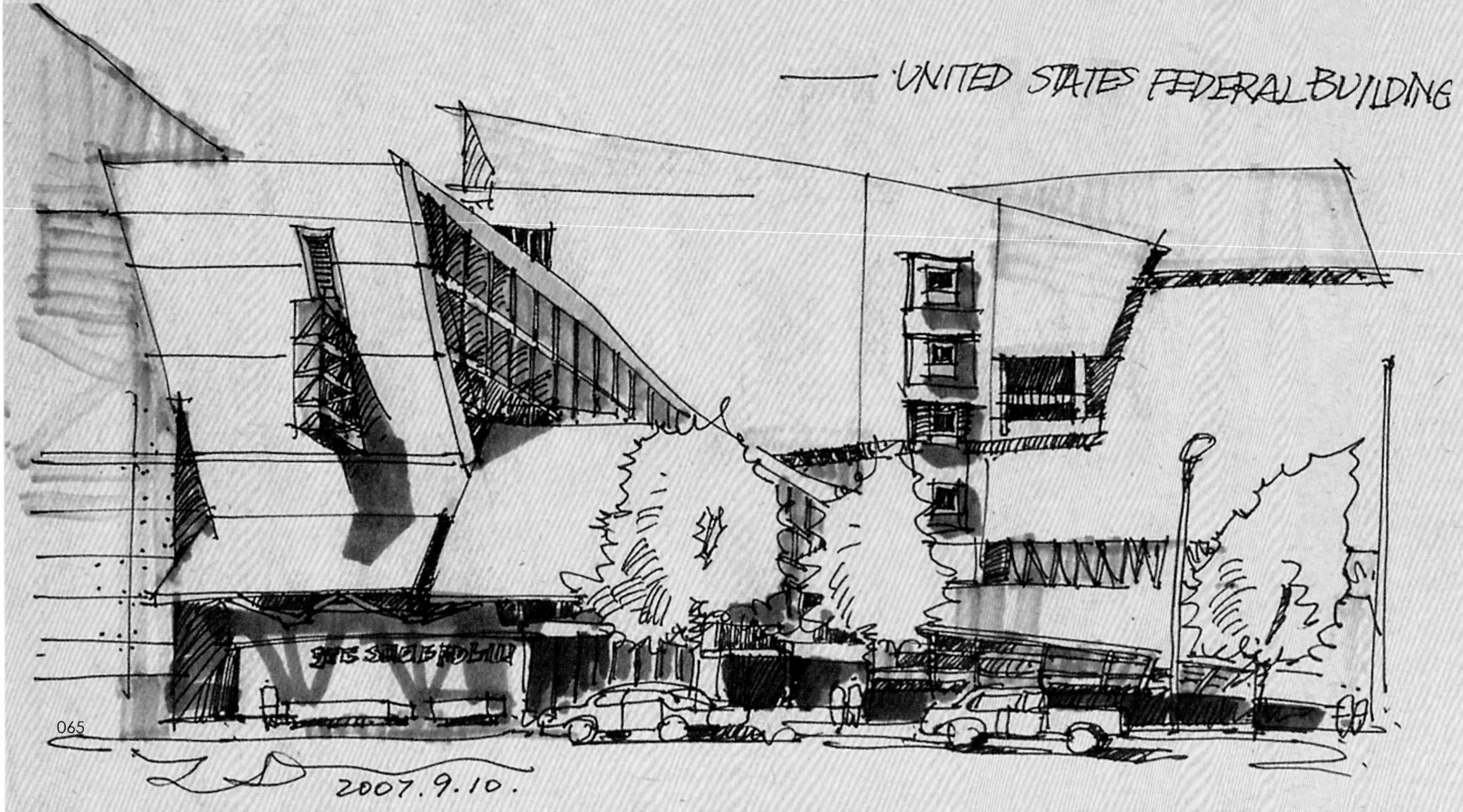

065

066.上海街道实景写生（作者：李大为）
Sketch of Shanghai Streetscape

067.上海街景实景写生（作者：李大为）
Sketch of Buildings in Shanghai

可以在钢笔速写中记录下自己的创作心得，这样会给自己积累下丰富的设计题材。

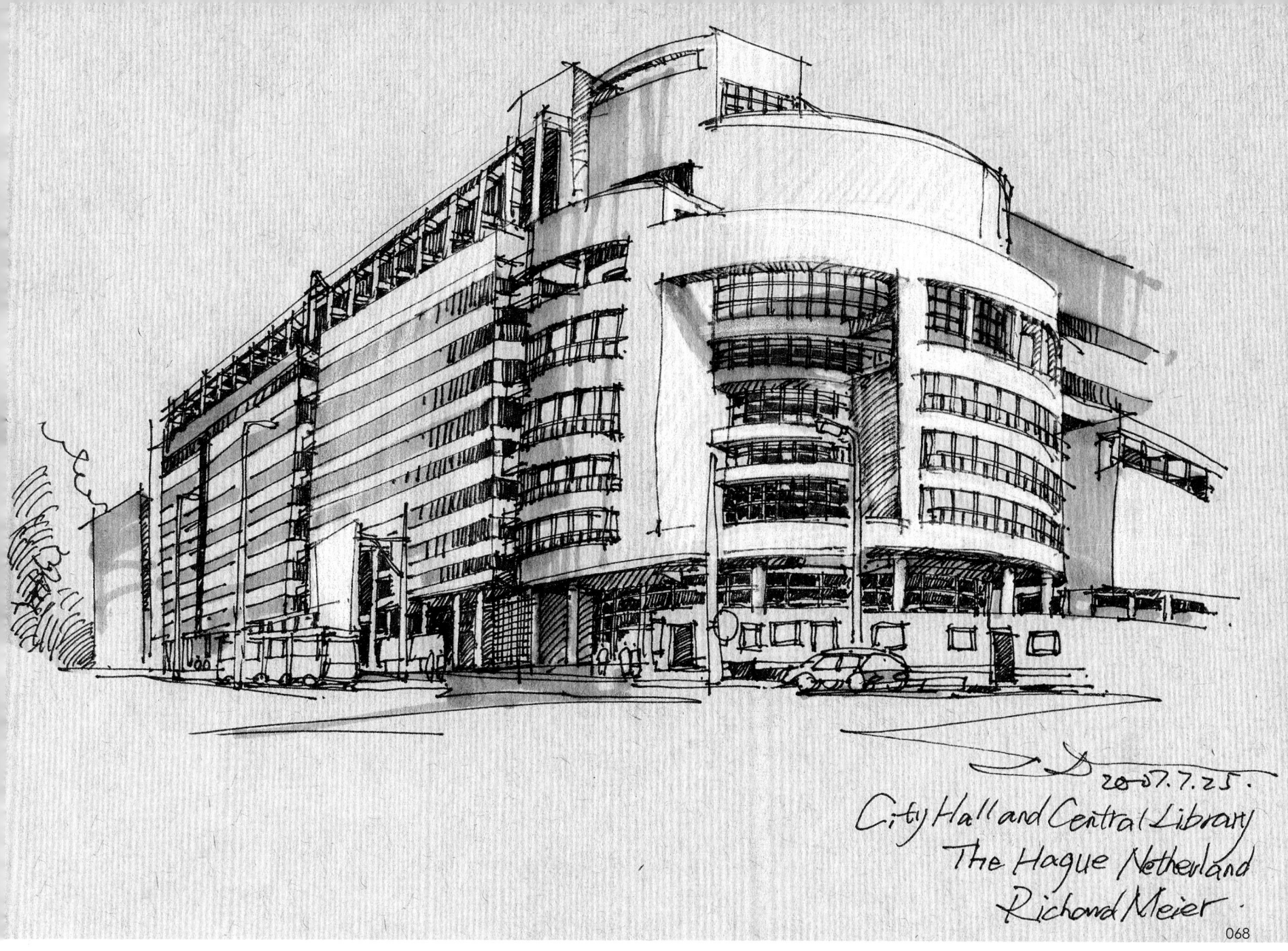

068.迈耶建筑作品照片写生（作者：李大为）
Sketch of a Meier's Building

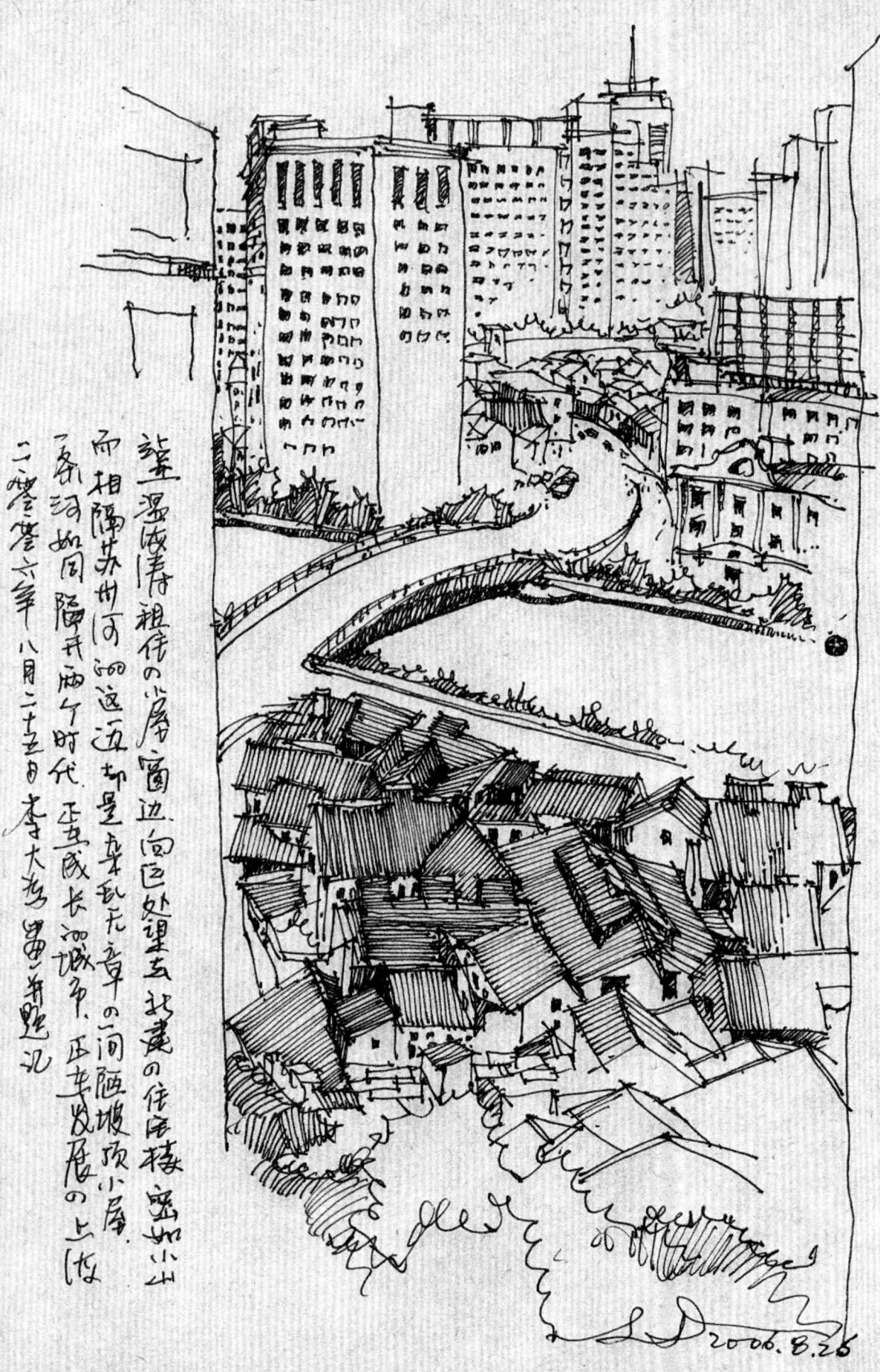

069.上海街道实景写生（作者：李大为）
Sketch of Shanghai Streetscape

070.某小区幼儿园写生 （作者：李 强）
Sketch of a Kindergarten

071.某小区景观节点写生（作者：李 强）
Sketch of Landscape Nodes

072

072. 德国乌尔姆市政厅照片写生（作者：高 伟）
 Sketch of Ulm Town Hall
073. 小型建筑临摹　　　　（作者：马麒胜）
 Copy of a Small Building

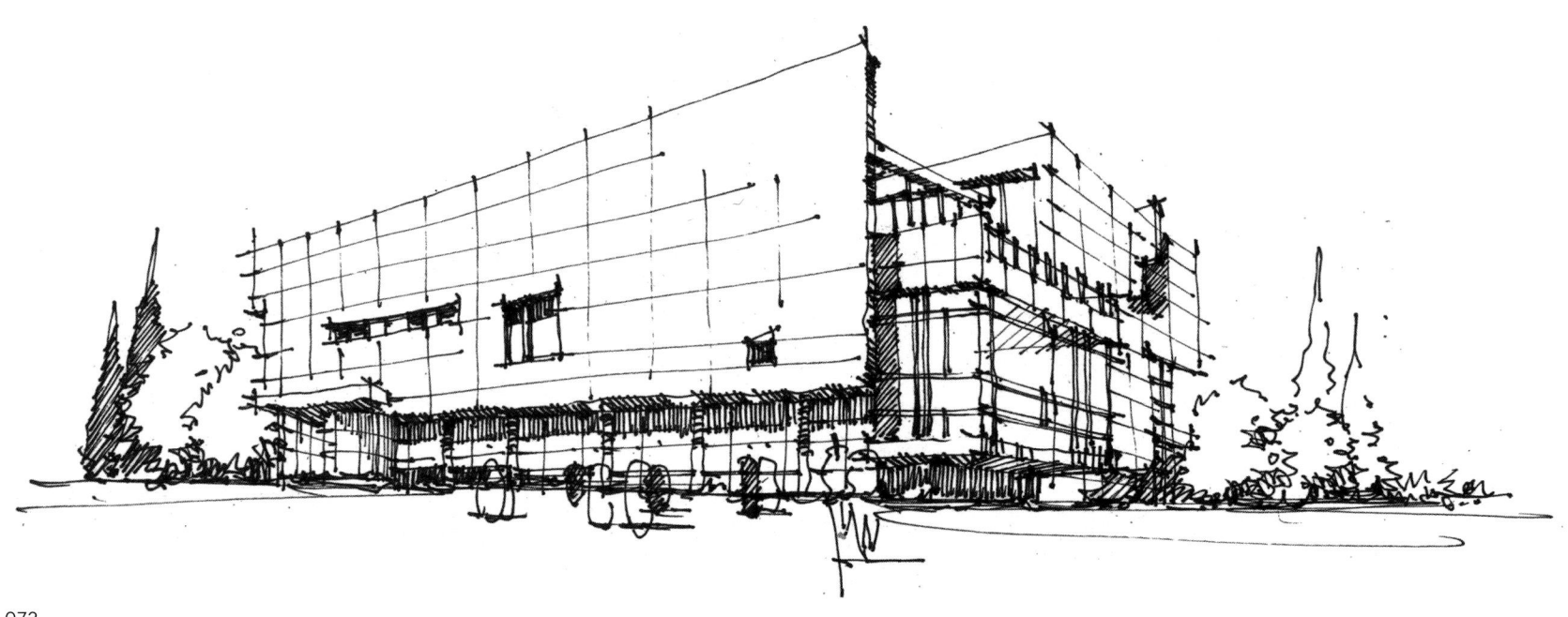

073

074.小型建筑照片写生（作者：朱原野）
Sketch of a Small Building

075.小型建筑照片写生（作者：罗尚丰）
Sketch of a Small Building

钢笔画技能 SKILL OF PEN SKETCH
马克笔及水彩表现
SKETCHES WITH MARKER AND WATERCOLOR

色彩练习： 通过第二阶段的练习，我们已经能够画出挺直有力的线条，可以准确地表达出一幅建筑画，控制好笔触的流畅感，把握住透视的准确。此时，我们开始增加马克笔及色彩的训练。马克笔的绘画技法需要有水彩的功底，色彩上要求通透莹润，构图上要简练留白，画面要有空气感，不能满铺色彩。

076.意大利威尼斯临摹 （作者：李大为）
Venice, Italy

077. 欧洲古建筑局部照片钢笔淡彩临摹 （作者：李大为）
   European Classical Architecture
078. 欧洲城市街景钢笔淡彩临摹 （作者：李大为）
   European Classical Architecture

079.重庆市合川钓鱼城护国门(作者:韩君华)
Huguo Gate of Diaoyu, Chongqing

080、081.重庆鱼洞历史街区风貌构思草图
（作者：韩君华）
Sketch of Banan District,Chongqing

082

082、083.重庆鱼洞历史街区风貌构思草图（作者：韩君华）
Sketch of Banan District, Chongqing

083

084.重庆鱼洞历史街区风貌改造构思草图（作者：韩君华）
Sketch of Banan District, Chongqing

085.威尼斯圣母安康教堂钢笔淡彩临摹（作者：屈 张）
Copy of Santa Maria Della Salute, Venice

086.清华大学写生——钢笔线稿（作者：孙笙真）
Sketch in Tsinghua University

087.清华大学写生——马克渲染（作者：孙笙真）
Sketch in Tsinghua University

088.香港新机场照片临摹—水彩练习 （作者：屈 张）
Copy of HKIA

089.某公共建筑照片临摹—水彩练习 （作者：屈 张）
Copy of a Public Building

090.某别墅照片临摹—水彩、水粉练习（作者：朱原野）
Sketch of a Villa

089

090

091

091.中国矿业大学图书馆写生（作者：郭 辉）
Sketch of The Library, CUMT

092.马克笔临摹　　　　　（作者：王 婧）
Sketch with Marker

092

093、094.马克笔照片临摹（作者：王 婧）
Sketch with Marker

095.马克笔临摹(作者:高 羽)
Sketch with Marker

096.马克笔临摹(作者:梁 辰)
Sketch with Marker

097.马克笔临摹(作者:宋文龙)
Sketch with Marker

钢笔画技能 SKILL OF PEN SKETCH
工作草图
THINKING WITH SKETCH

工作草图： 工作草图是建筑创作中最基本和最常用的手法。通过工作草图的不断训练和创作，一方面提高了我们建筑美学的艺术修养、另一方面加快了我们的创作速度。现在有很多设计师，放弃了徒手草图的基本功，直接用SketchUp模型去拼方案，产生两个问题：其一，建模速度慢；其二，没有创作灵感。SketchUp模型不应该作为构思方法的工具，而是我们用徒手草图完成创作构思后，用SketchUp模型来校正我们的手绘方案的准确性及对建筑细部的推敲。

098.重庆鱼洞历史街区风貌改造构思草图（作者：韩君华）
Banan District, Chongqing

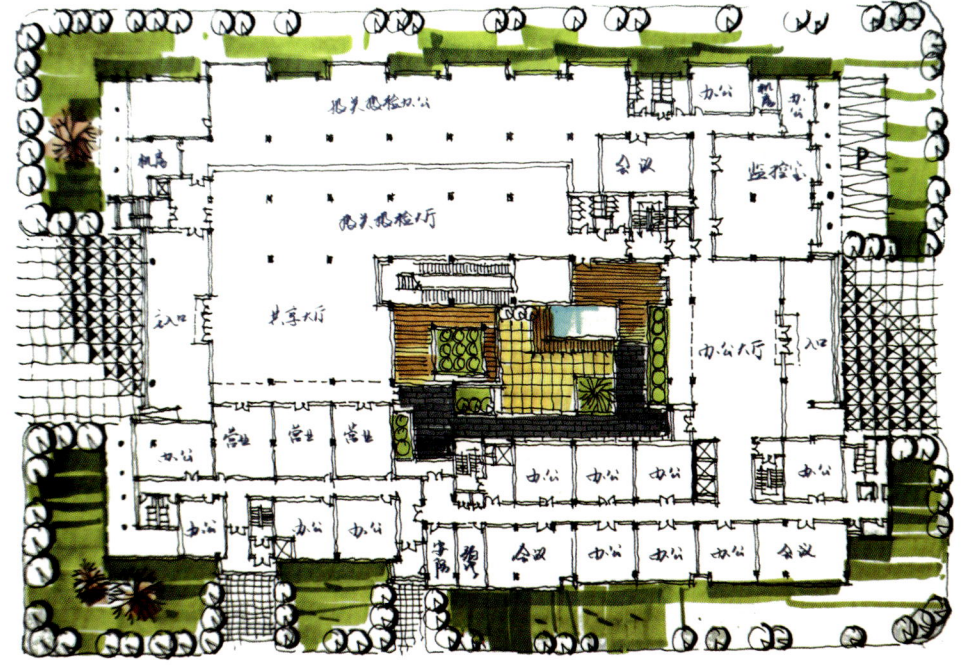

099.三星报关大楼方案草图（草图作者：孙笙真）
Samsung Building

100.某售楼中心　　　（草图作者：孙笙真）
Showroom Center

101.三星报关大楼方案草图（草图作者：孙笙真）
Samsung Building

钢笔画技能　工作草图

102.水晶SOHO商业综合体方案钢笔线稿（草图作者：孙笙真）
Crystal SOHO Commercial Complex

103.水晶SOHO商业综合体方案马克笔上色（草图作者：孙笙真）
Crystal SOHO Commercial Complex

104 凤凰池生态会所内庭院透视

105 凤凰池生态会所入口透视图

104、105.凤凰池生态会所方案草图（草图作者：孙笙真）
The Phoenix Pond Ecological

关中楼观风情园方案设计草图

106.楼观风情园方案设计草图钢笔线稿 （草图作者：孙笙真）
The Louguan Park

107.楼观风情园方案设计草图马克笔上色（草图作者：孙笙真）
The Louguan Park

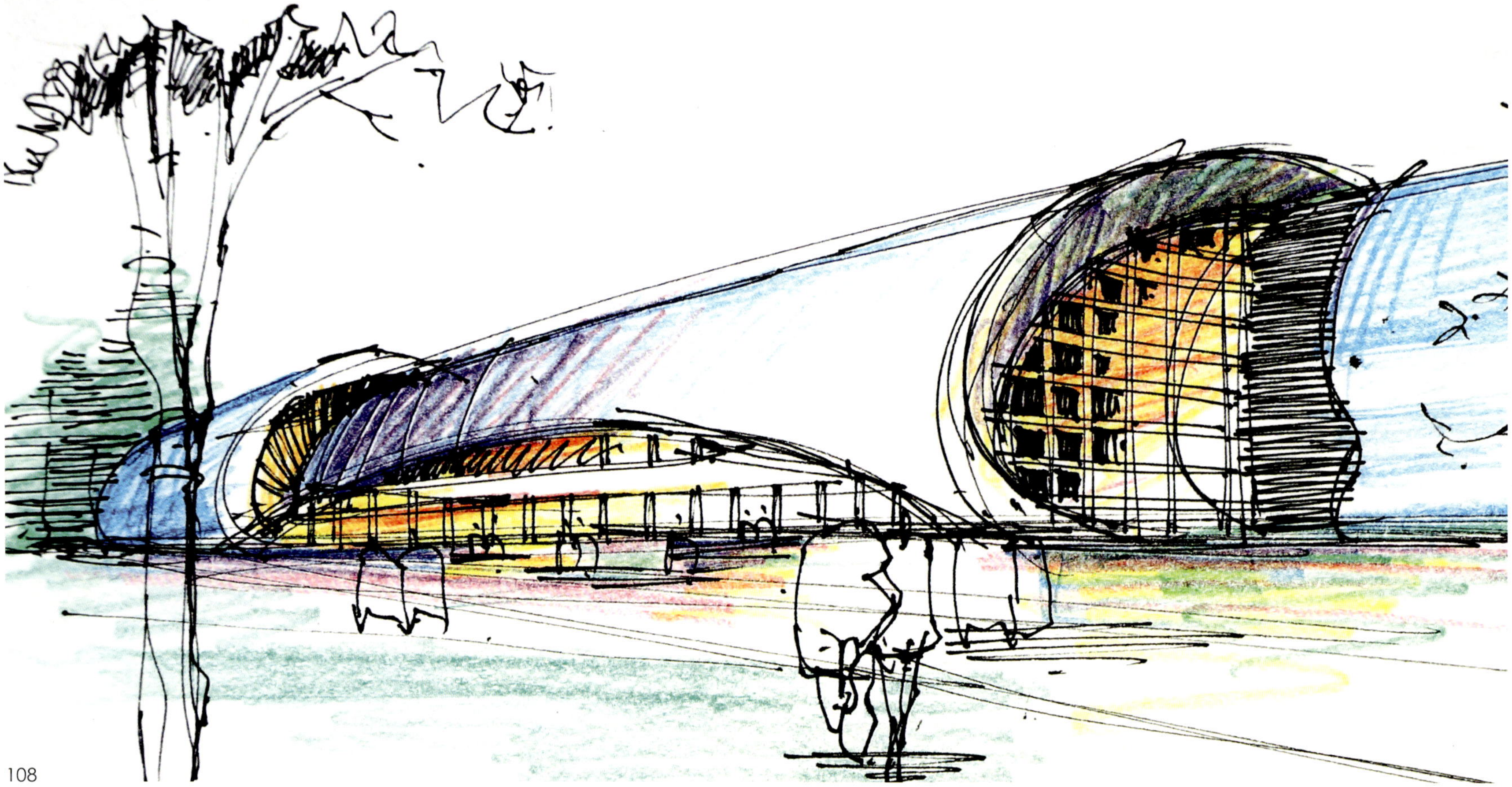

108

108.展览馆方案草图　　（草图作者：孙笙真）
Exhibition Hall

109.机场候机楼方案草图（草图作者：孙笙真）
Lounge in the Airport

109

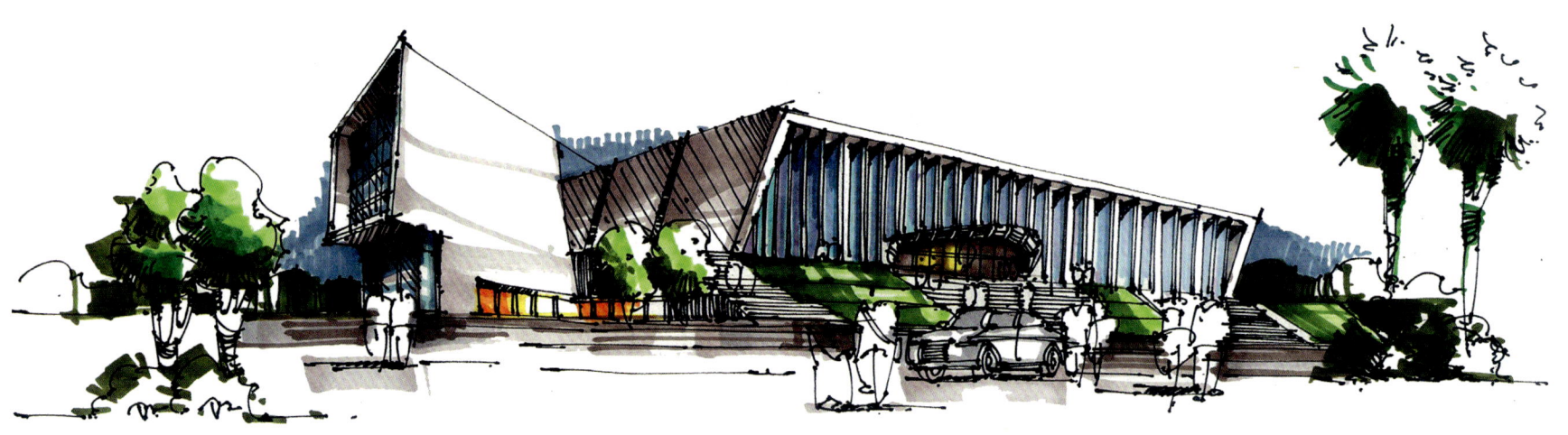

110

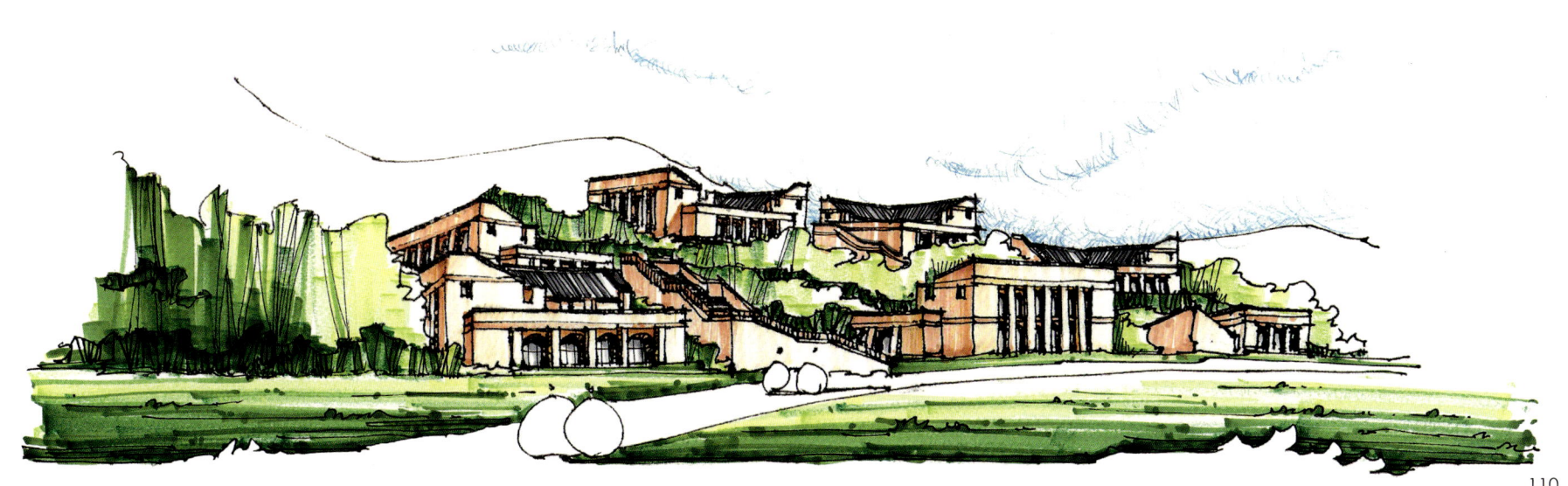

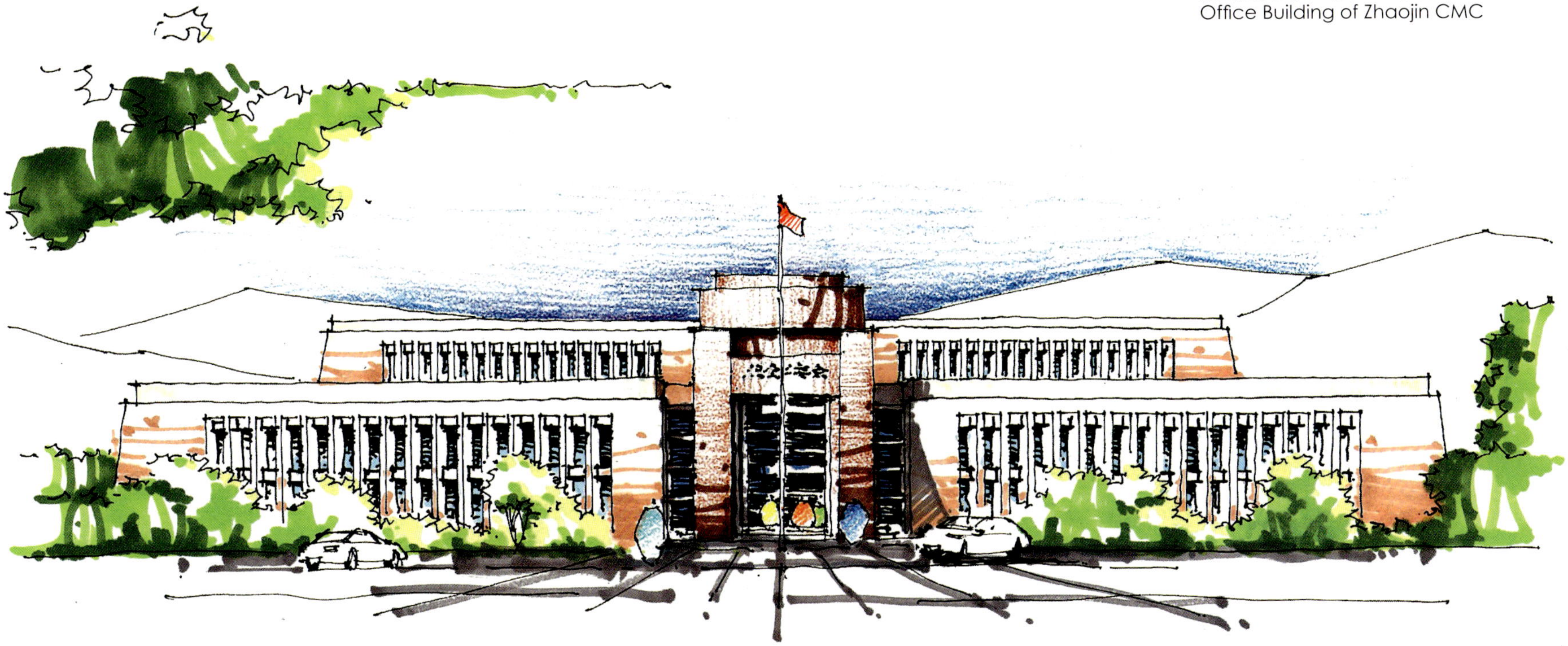

111

110.延安鲁艺创作中心草图（草图作者：王一乐）
Yanan Luxun Art Factory

111.照金管委会办公楼　（草图作者：苗　雨）
Office Building of Zhaojin CMC

112

113

112. 照金革命纪念馆　　　（草图作者：高　伟）
    Zhaojin Revolutionary Memorial Hall
113. 北大光华管理学院西安分院教学楼方案草图
    　　　　　　　　　　　（草图作者：高　伟）
    Management Teaching Building of
    Guanghua School, Peking University

114

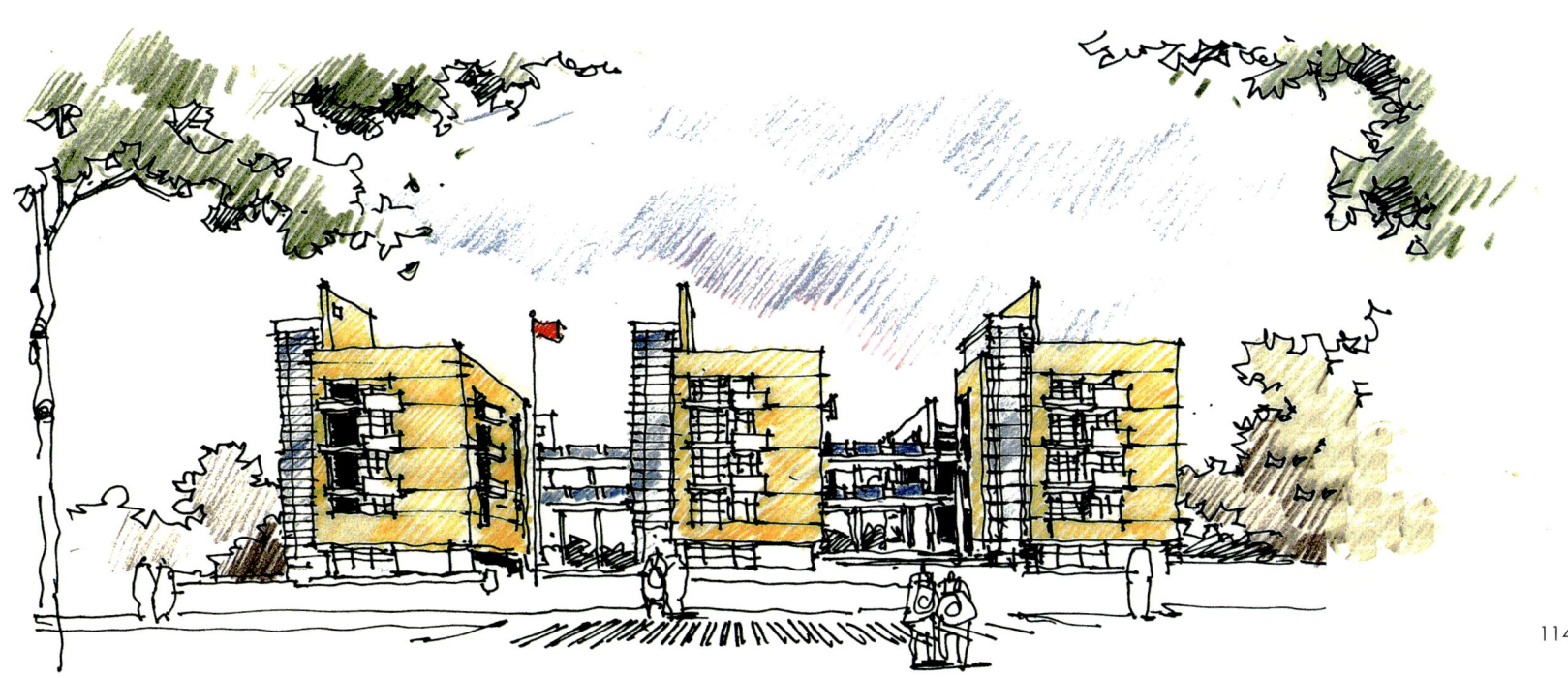

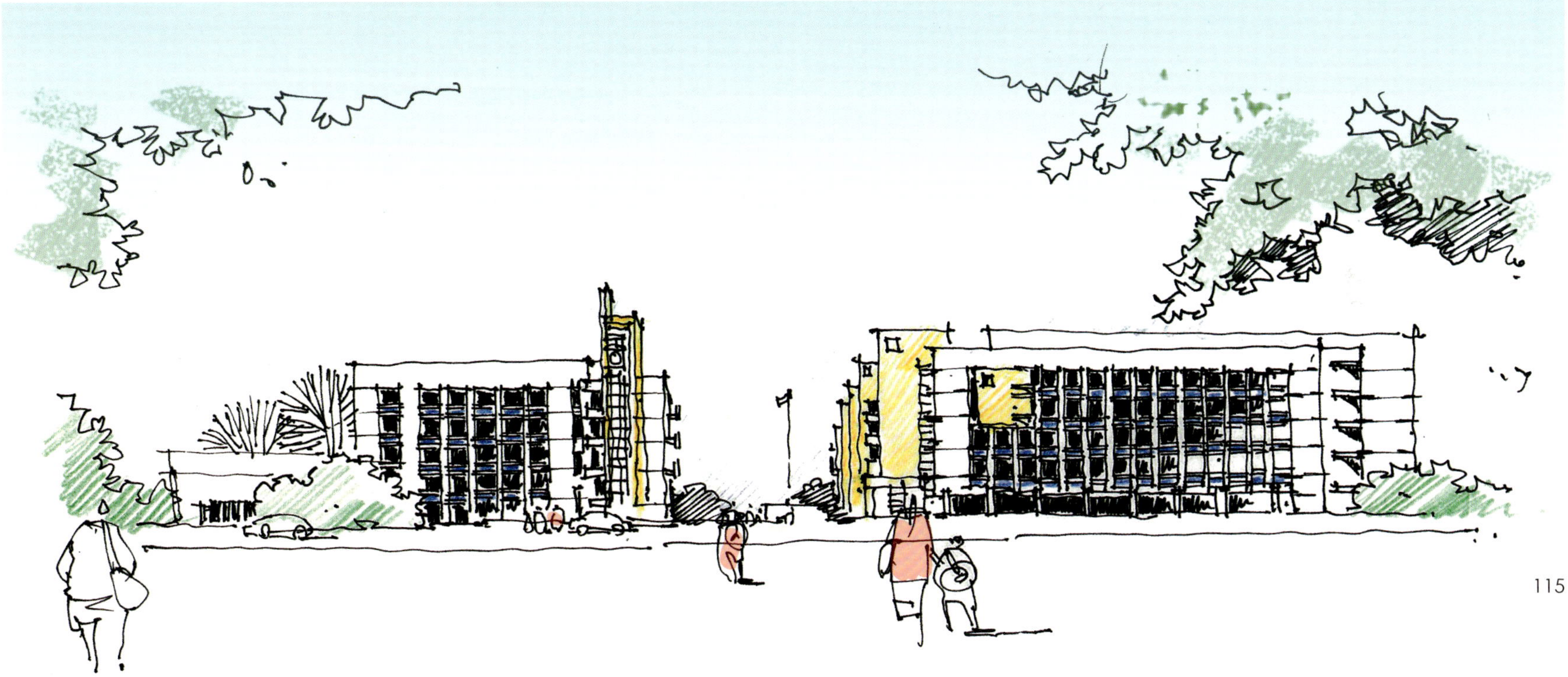

115

114、115.高新一小方案草图（草图作者：高　伟）
Gao Xin Primary School

116.西安浐灞行政楼方案草图钢笔线稿（草图作者：高伟）
Xi'an Chanba Administration Building

117.西安浐灞行政楼方案草图马克笔上色（草图作者：高 伟）
Xi'an Chanba Administration Building

118.小区会所方案草图（草图作者：阎 飞）
Clubs

119.多层住宅方案草图（草图作者：阎 飞）
Multi-storey Residential Building

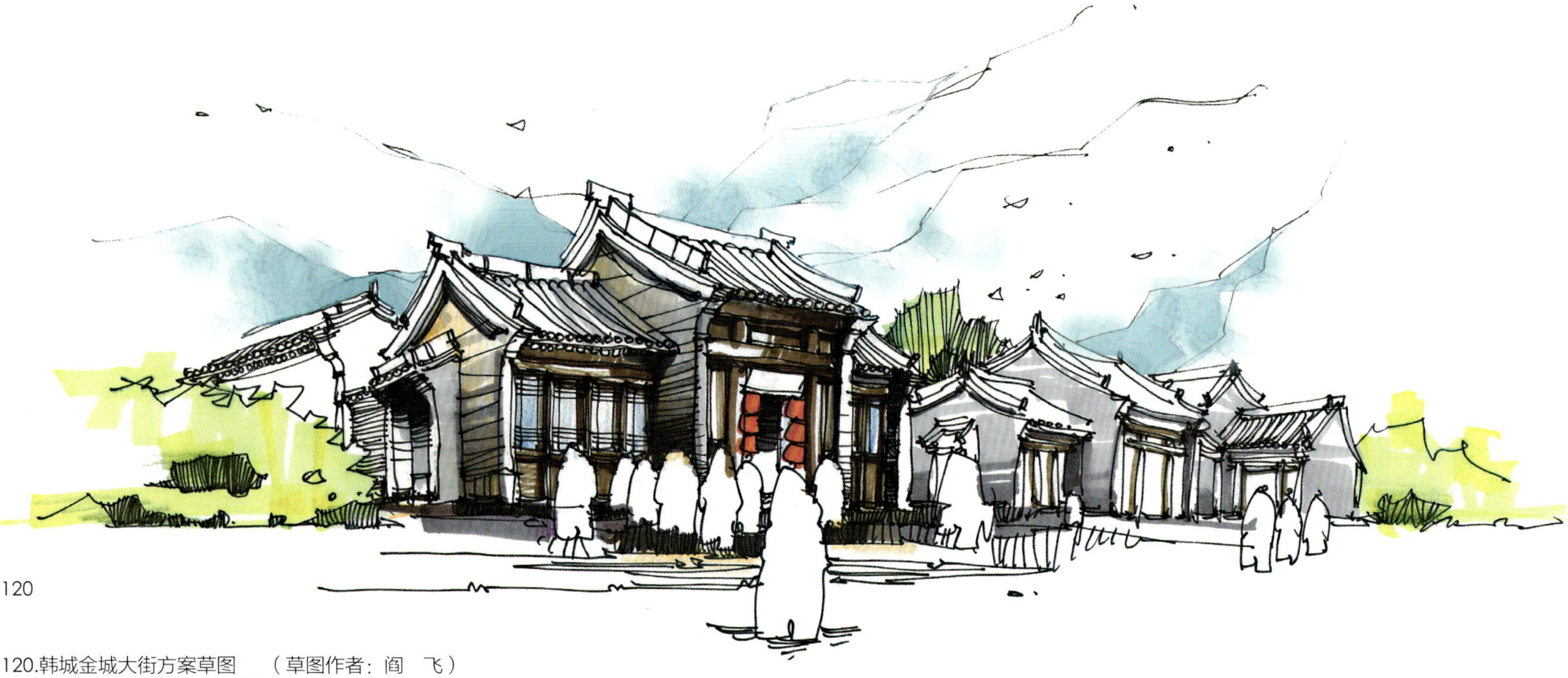

120

120.韩城金城大街方案草图　（草图作者：阎　飞）
Hancheng Jincheng Street
121.韩城北关商业街方案草图（草图作者：阎　飞）
Hancheng North Commercial Street

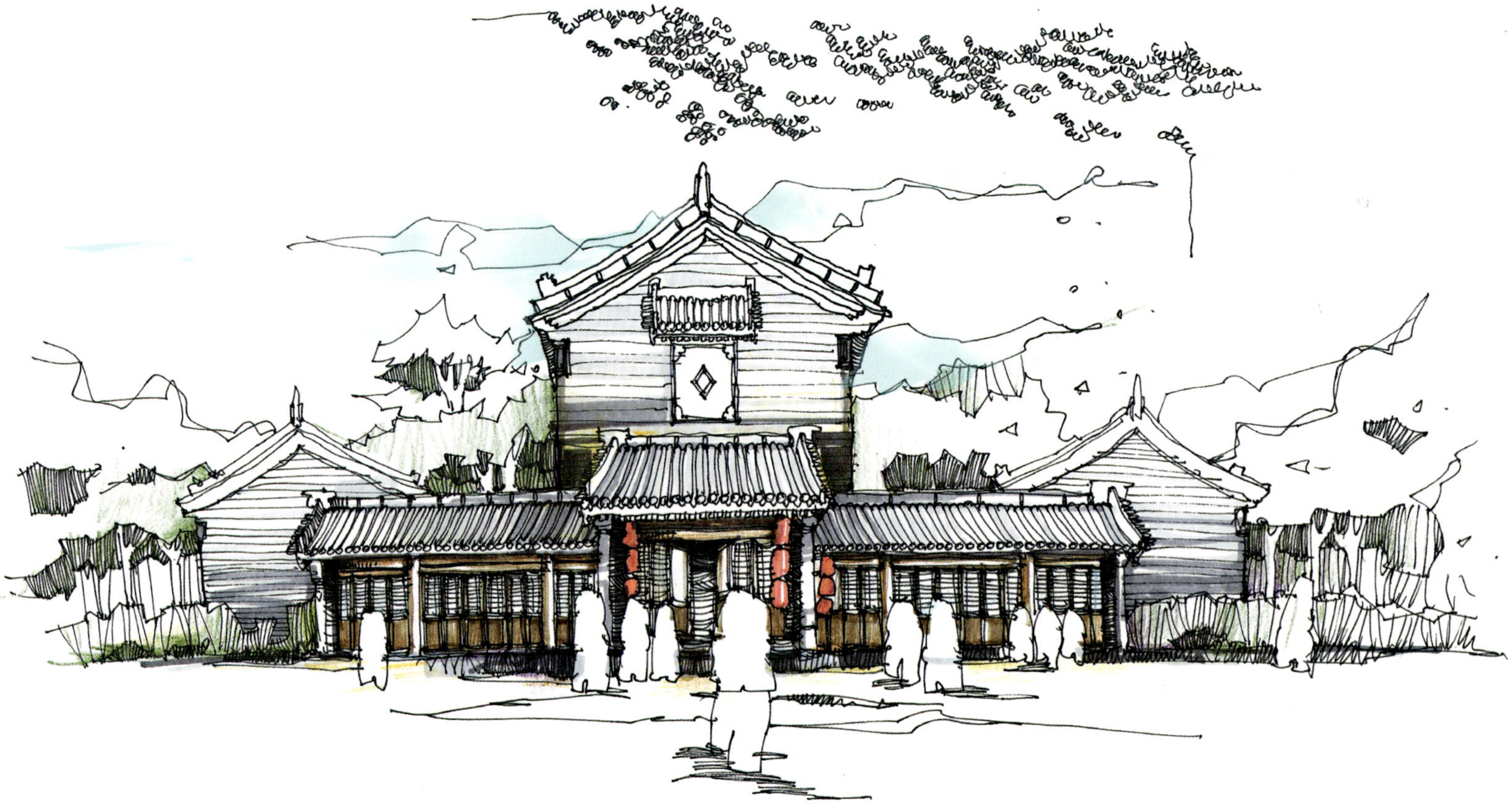

121

122.延安鲁艺纪念馆方案草图（草图作者：阎　飞）
Yanan Luxun Art Memorial Hall

123.延安鲁艺教堂写生　　　　　　（作者：阎　飞）
Church in Yanan Luxun Art School

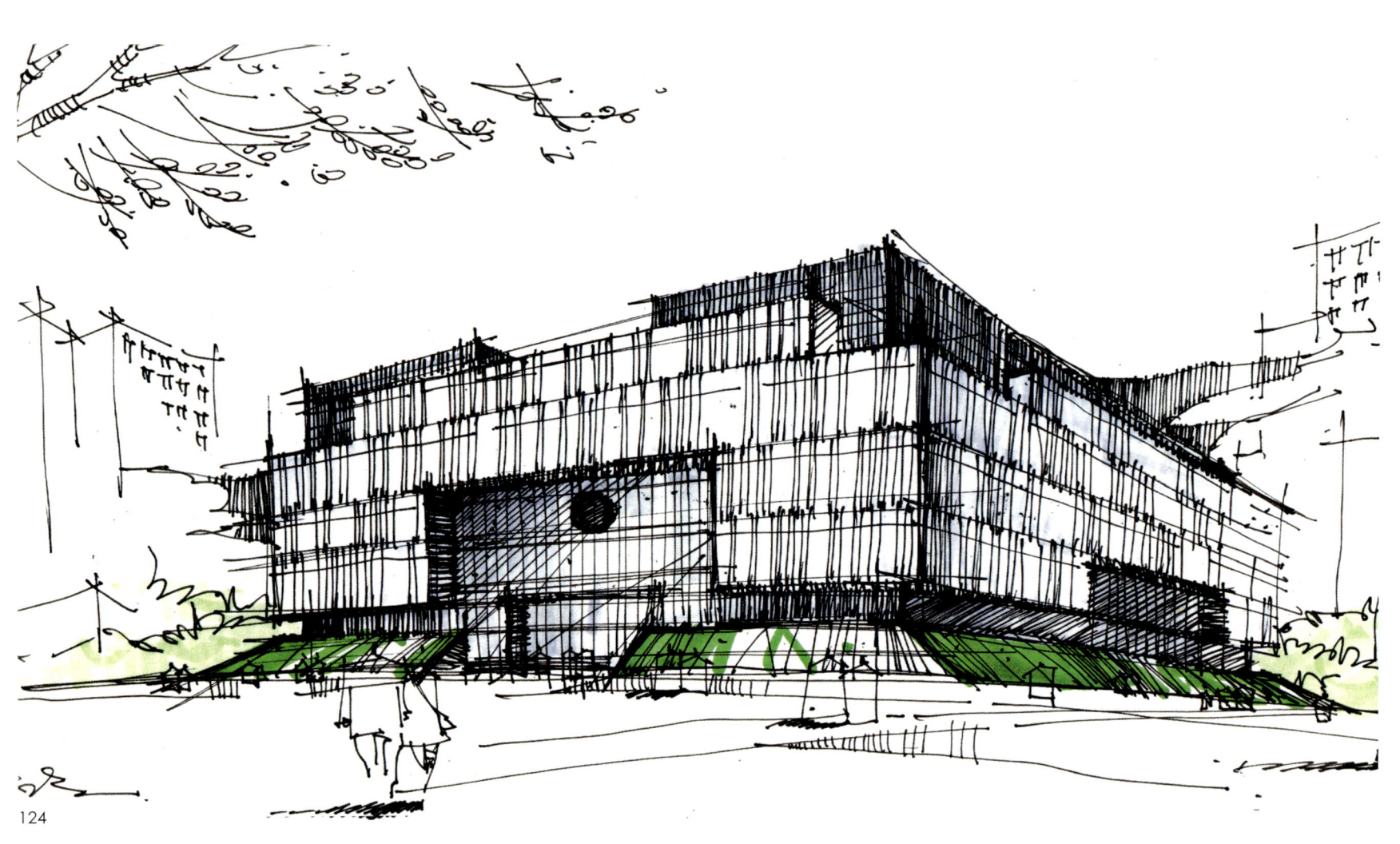

124.三星保税区海关大楼方案草图（草图作者：张恒岩）
Samsung Customs Bonded Area Building

125

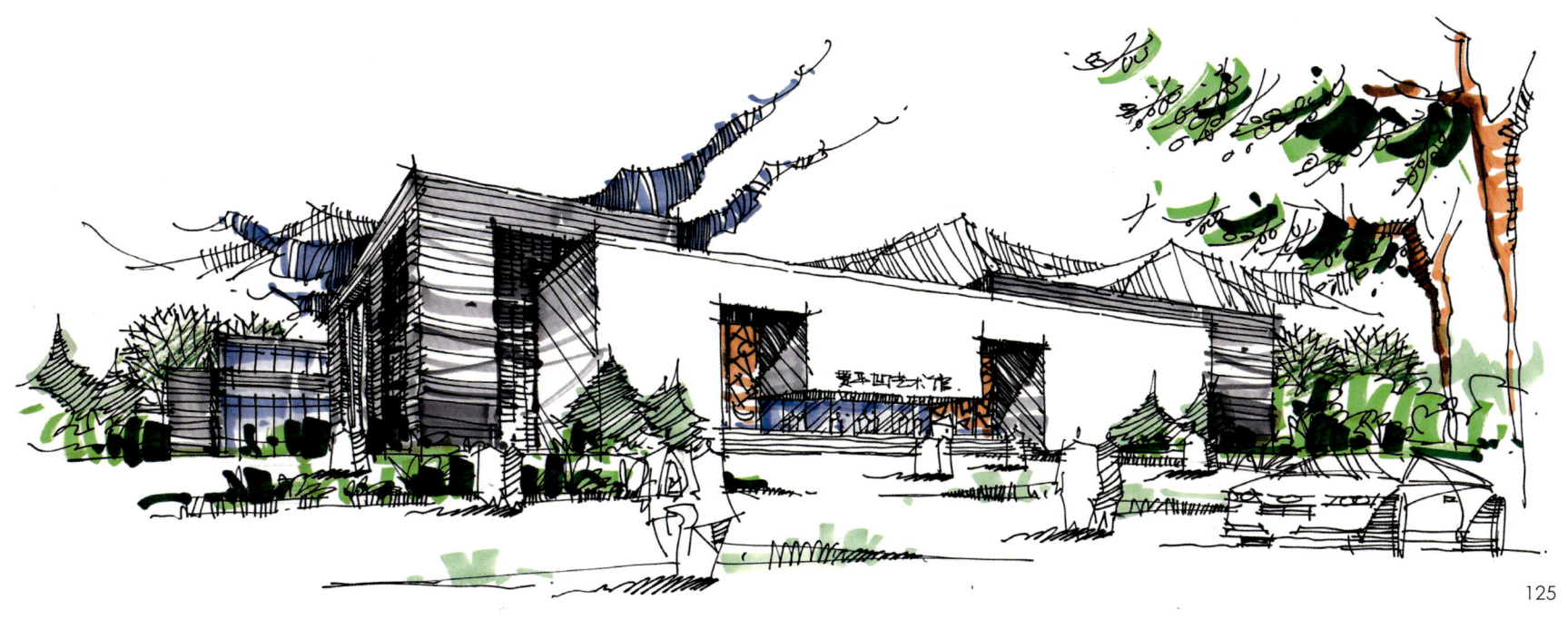

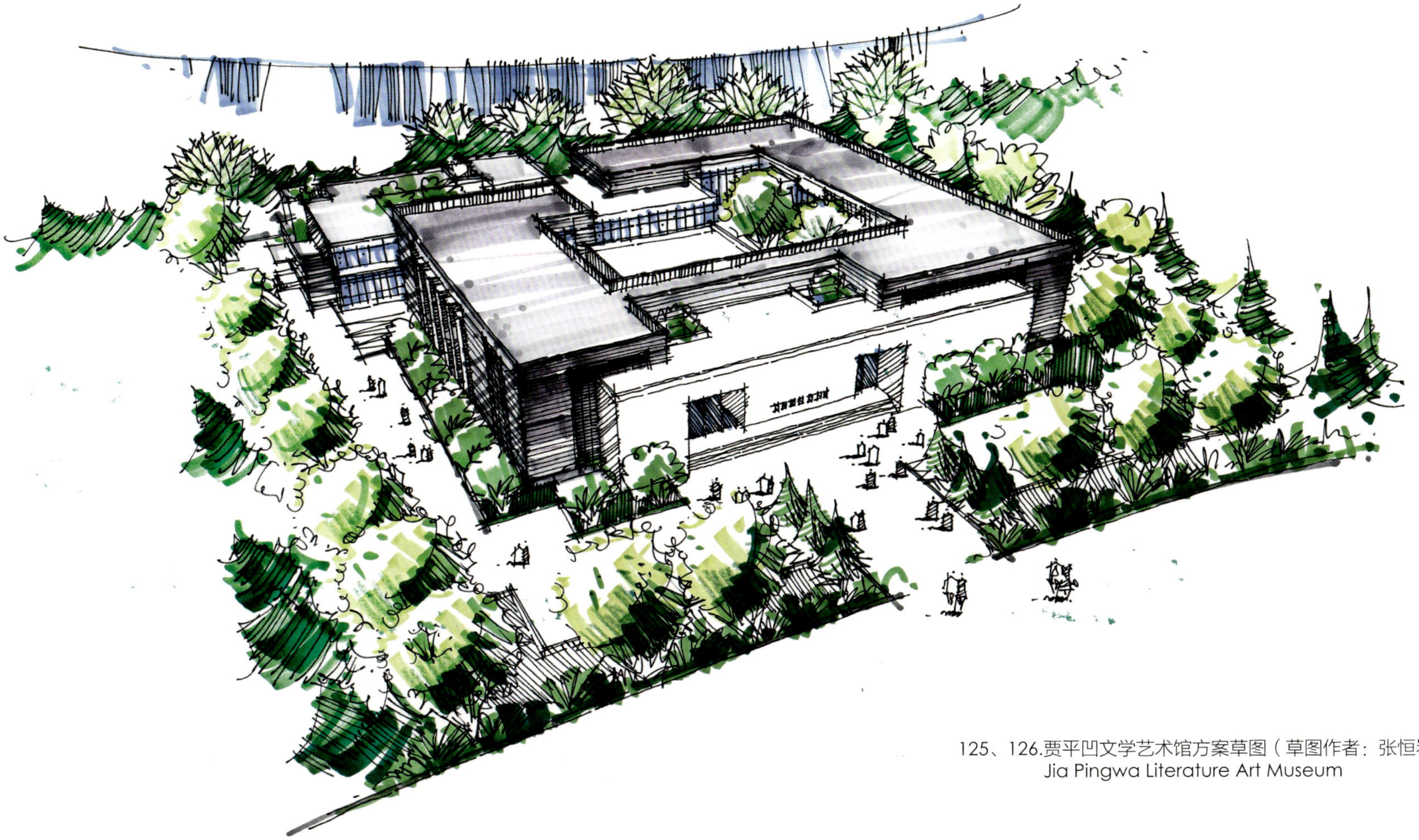

126

125、126.贾平凹文学艺术馆方案草图（草图作者：张恒岩）
Jia Pingwa Literature Art Museum

127

128

127.泾阳中学办公楼方案草图 （草图作者：王 琦）
Office Building of Jingyang School

128.韩城东关街区方案草图 （草图作者：王 琦）
Hancheng Dong guan Street

129.韩城基督教堂方案草图 （草图作者：王 琦）
Hancheng Church

130.韩城古城城隍庙后街区方案草图 （草图作者：王 琦）
Hancheng Town God's Temple

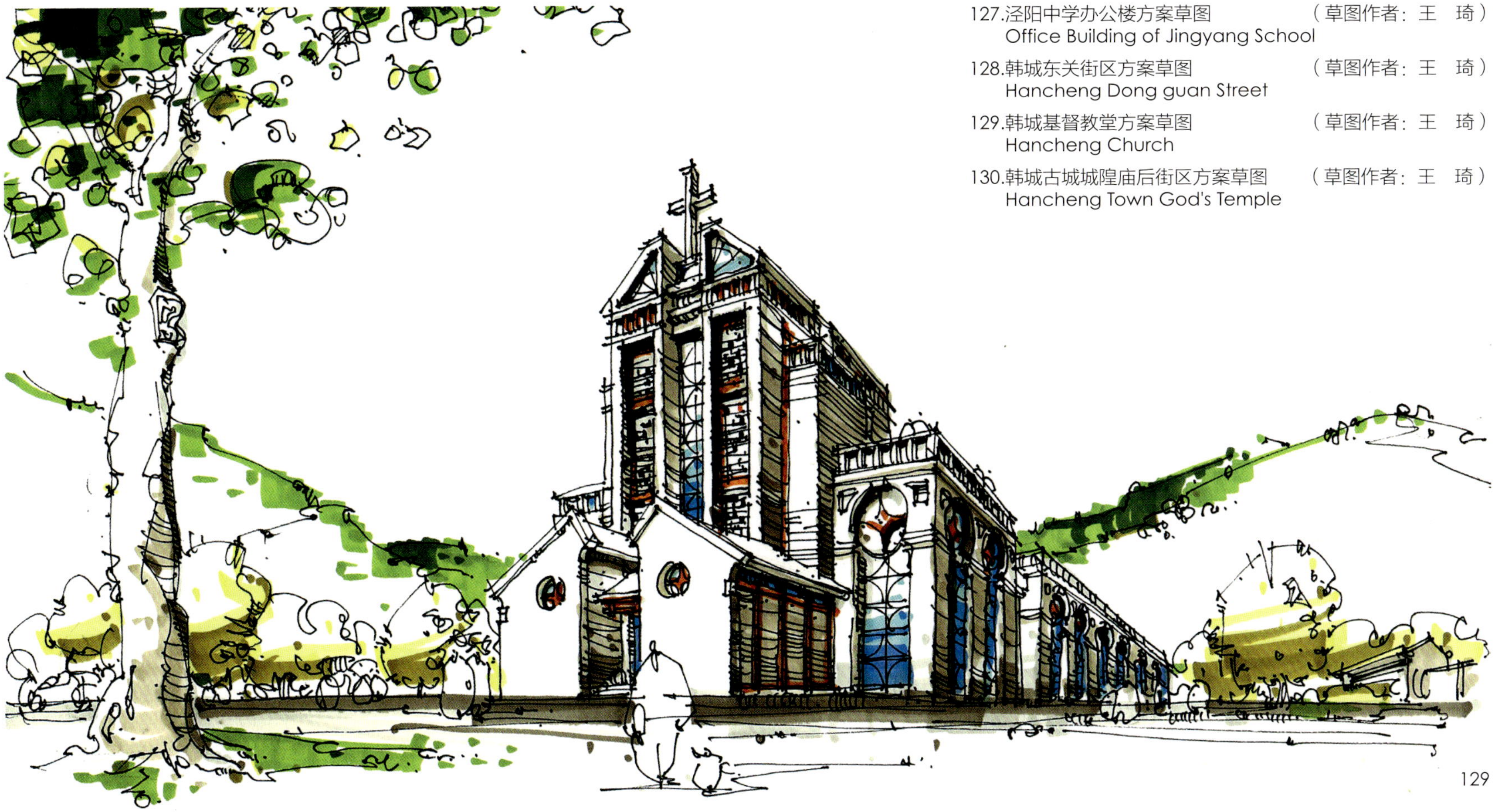

129

130

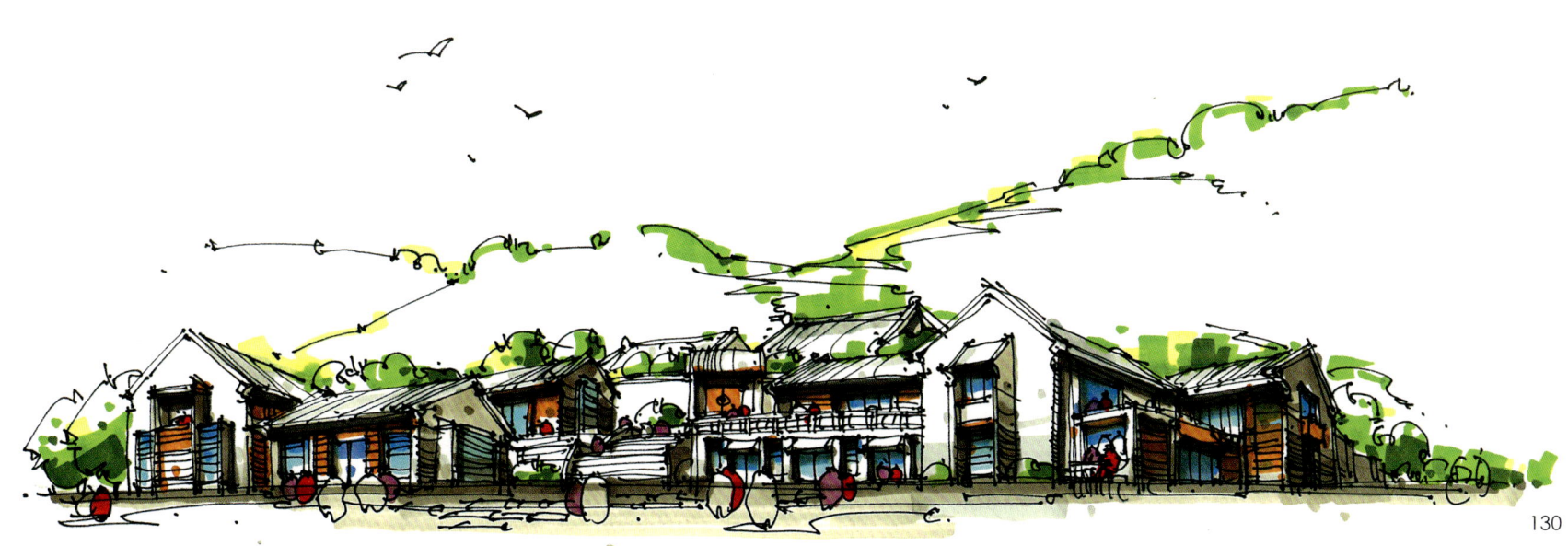

131. 韩城古城城隍庙后街区方案草图　　（草图作者：王　琦）
     Hancheng Town God's Temple
132. 某小区会所方案图　　　　　　　　（草图作者：王　琦）
     Clubs

133. 韩城东关街区方案草图 （草图作者：王 琦）
Hancheng Dongguan Street

134. 照金商业街区草图 （草图作者：王 琦）
Zhaojin Commercial Distriction

135.照金商业街区方案草图（草图作者：王　琦）
Zhaojin Commercial Distriction

136.小区会所方案草图　（草图作者：王　琦）
Clubs

137、138.韩城古城商业街区方案草图（草图作者：王　琦）
Hancheng City Commercial Street

139. 曲江中小学方案构思草图（草图作者：徐健生）
    Primary and Secondary Schools in Qujiang
140. 某红十字卫生站构思草图（草图作者：徐健生）
    Red Cross Health Unit

141、142.某公共建筑草图（草图作者：徐健生）
A Public Building

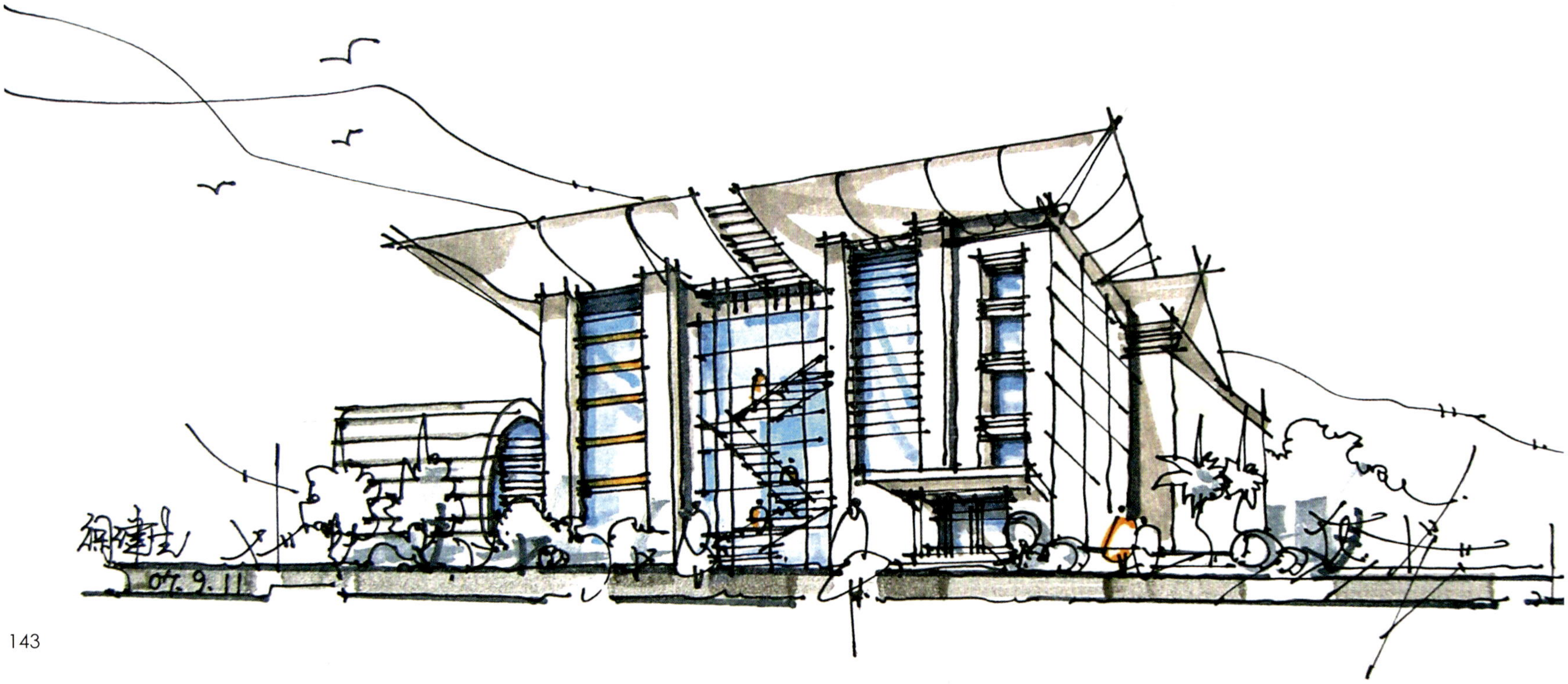

143

144

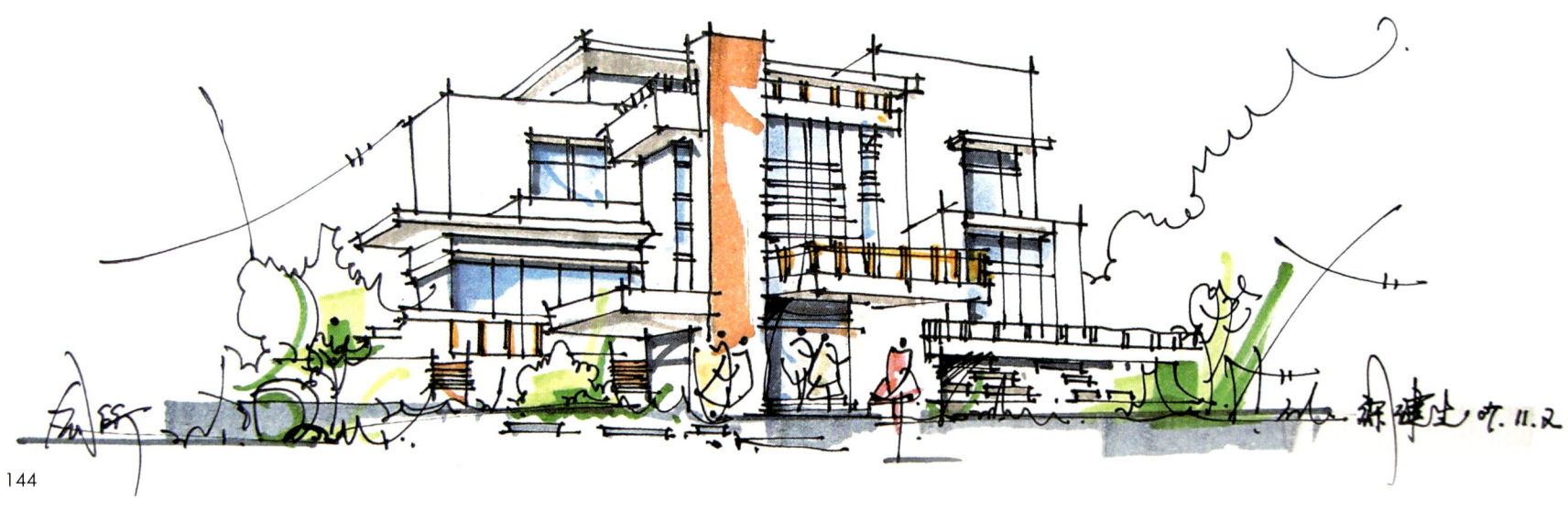

143、144.某公共建筑草图（草图作者：徐健生）
A Public Building

145

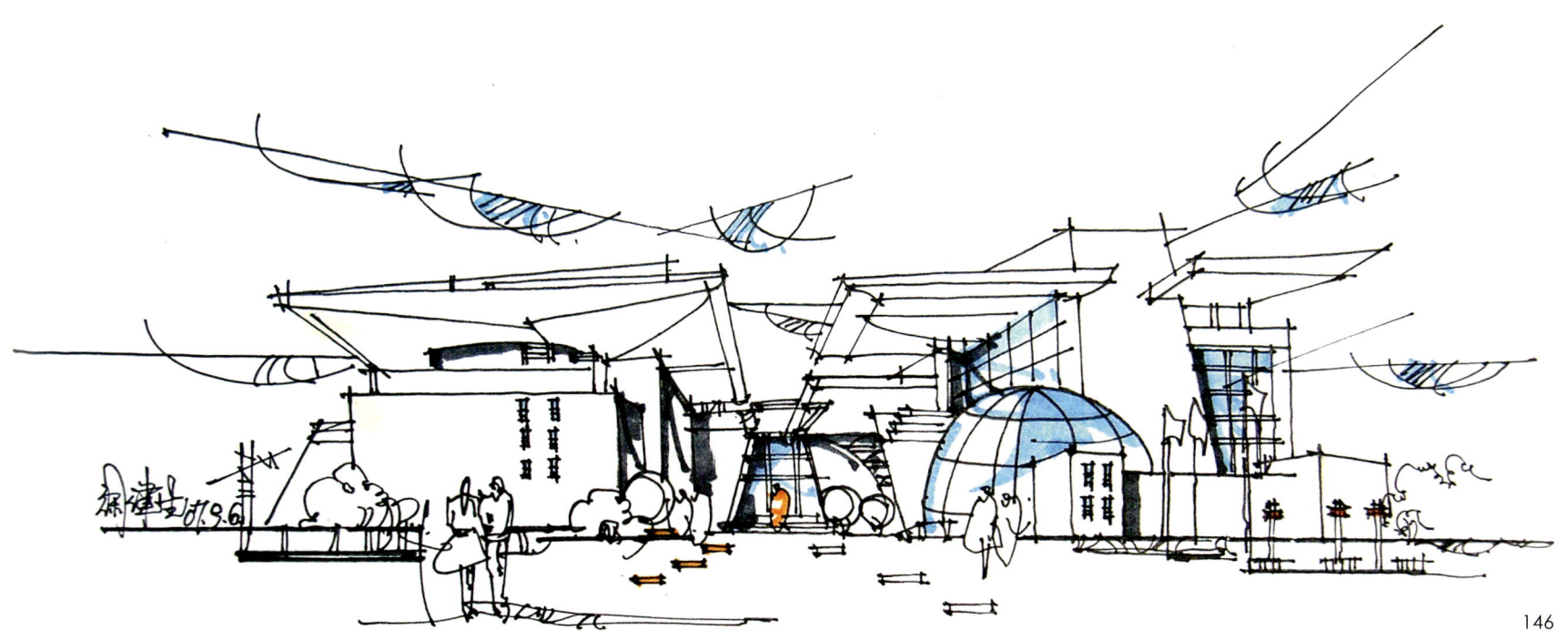

146

145、146.某公共建筑草图（草图作者：徐健生）
A Public Building

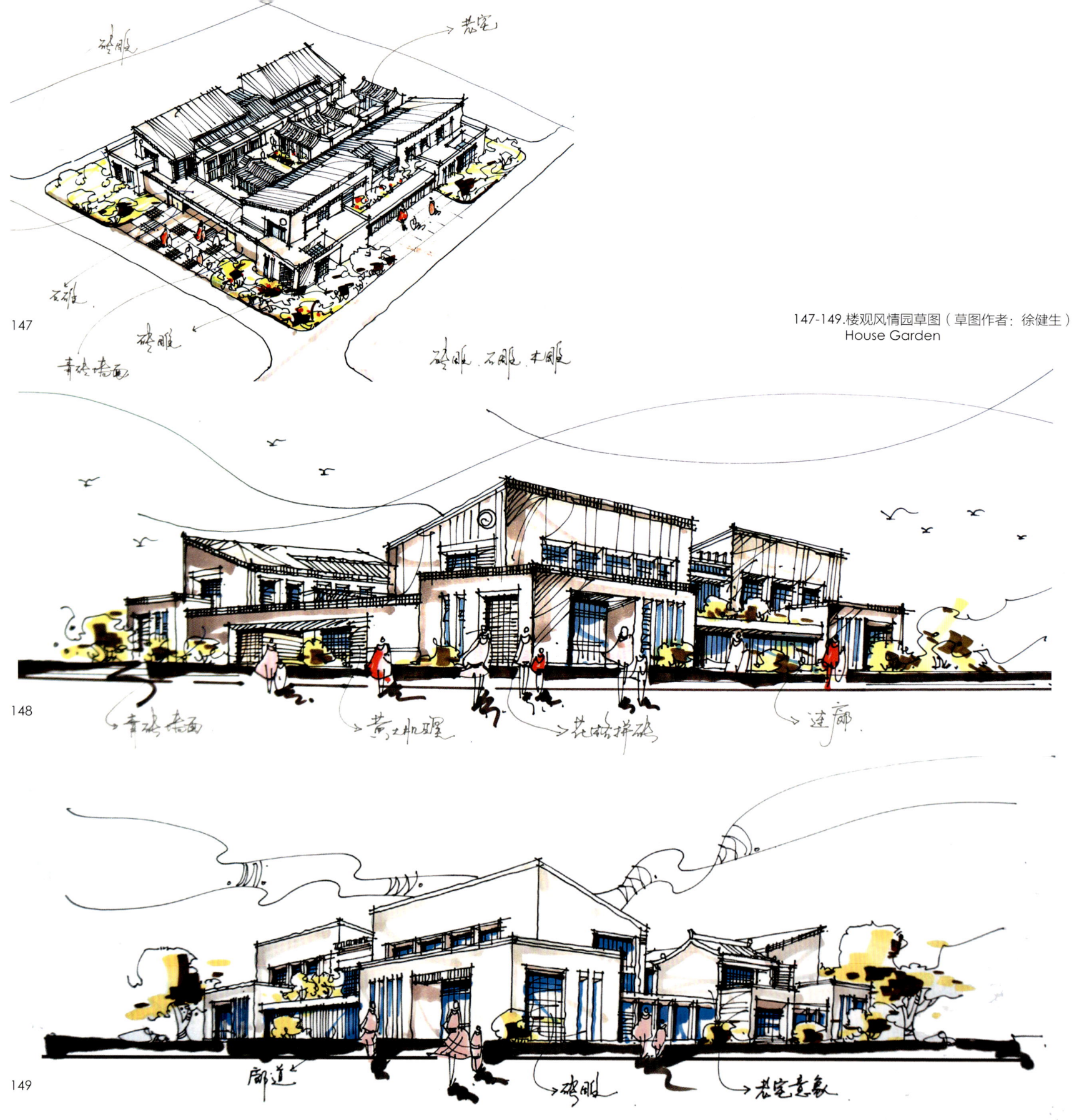

147-149.楼观风情园草图（草图作者：徐健生）
House Garden

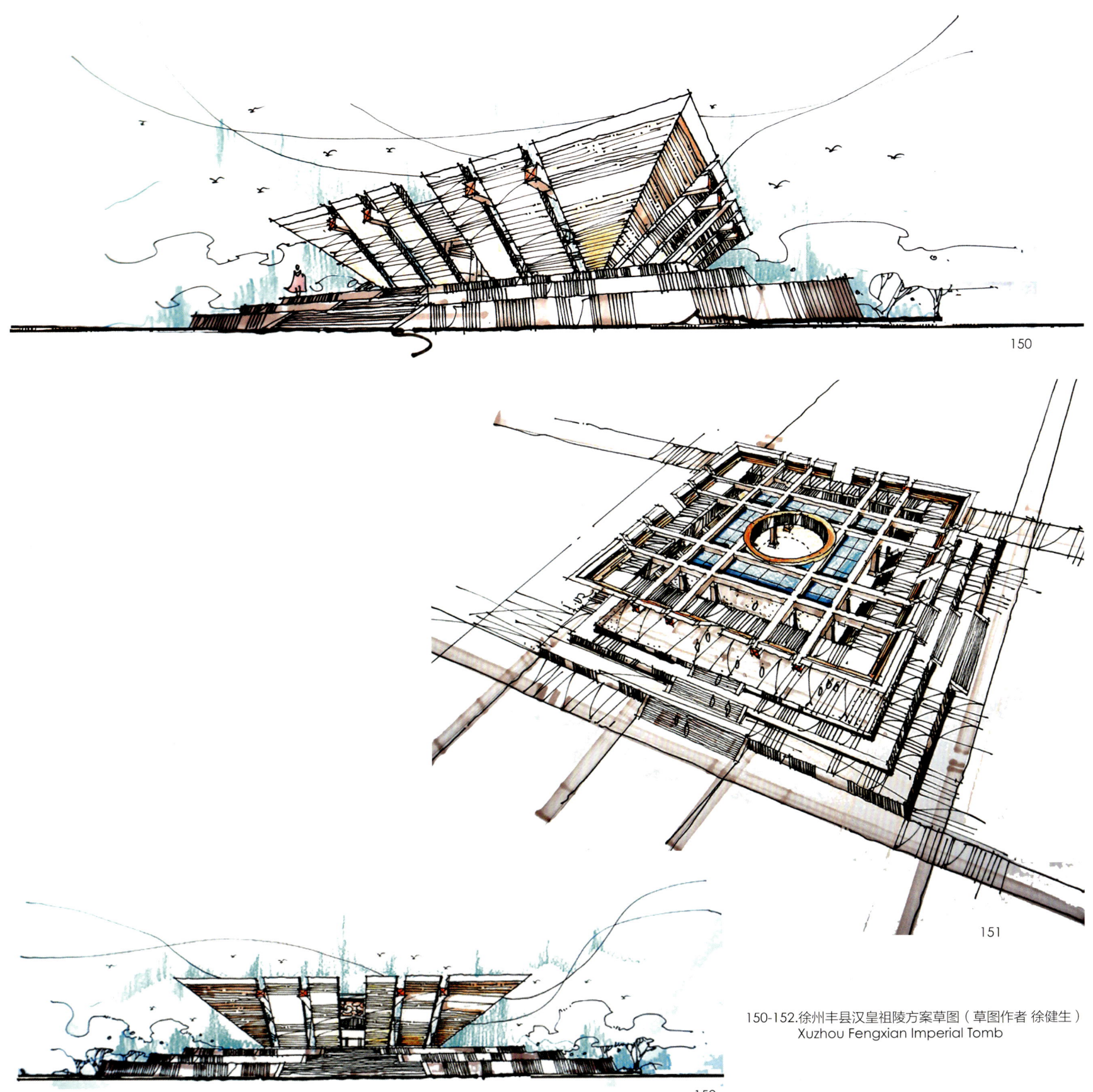

150-152.徐州丰县汉皇祖陵方案草图（草图作者 徐健生）
Xuzhou Fengxian Imperial Tomb

153

154

153-155.曲江中学方案草图（草图作者：李大为）
Qujiang High School

155

156.紫薇大厦工作草图（草图作者：郭 辉）
Ziwei Building

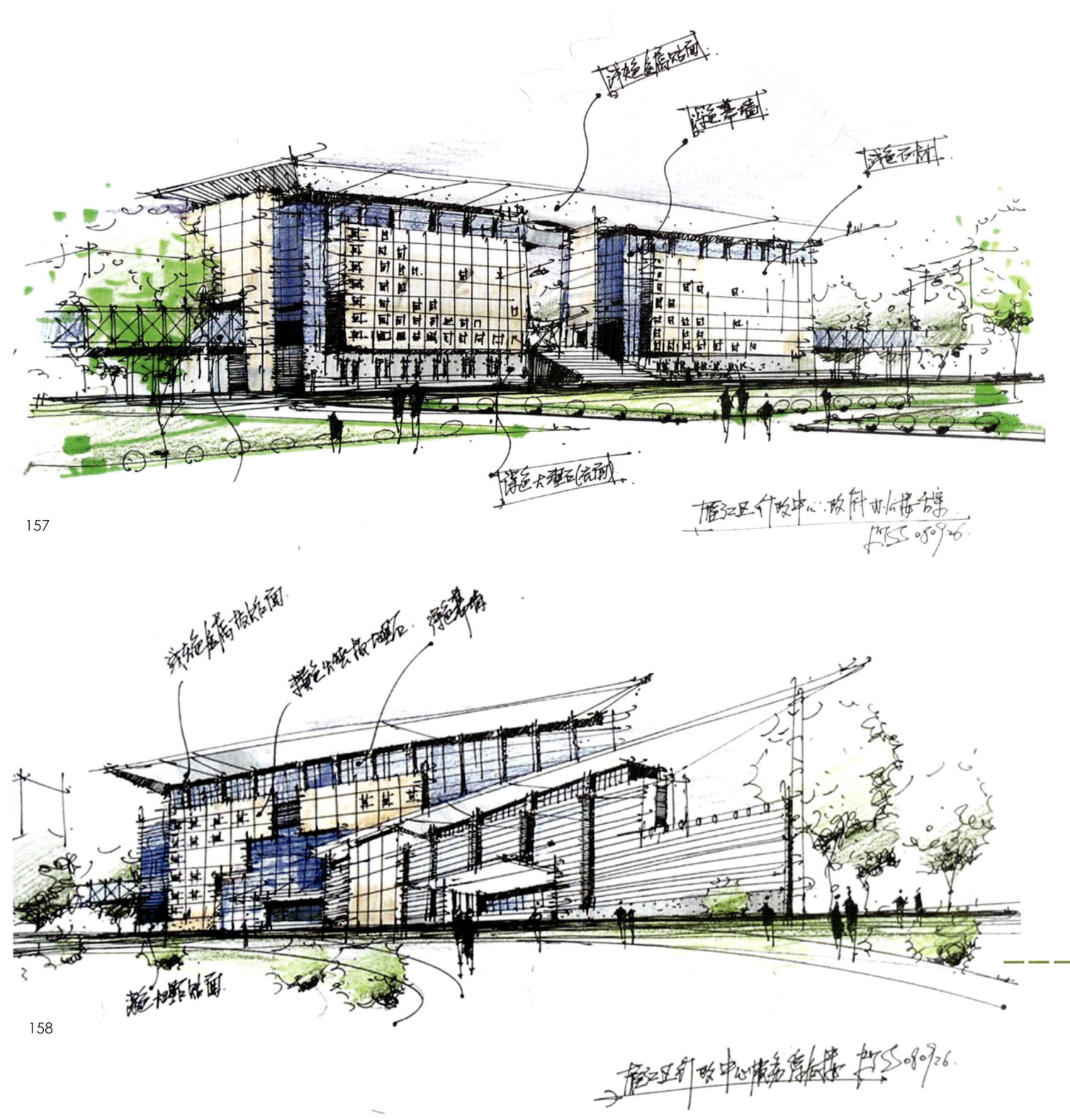

157、158.四川省资阳市雁江区行政中心办公楼工作草图（草图作者：韩君华）
Office Building of Ziyang District in Sichuan Province

159.重庆永川区新农村改造商业街方案草图（草图作者：韩君华）
Commercial Street in Yongchuan,Chongqing

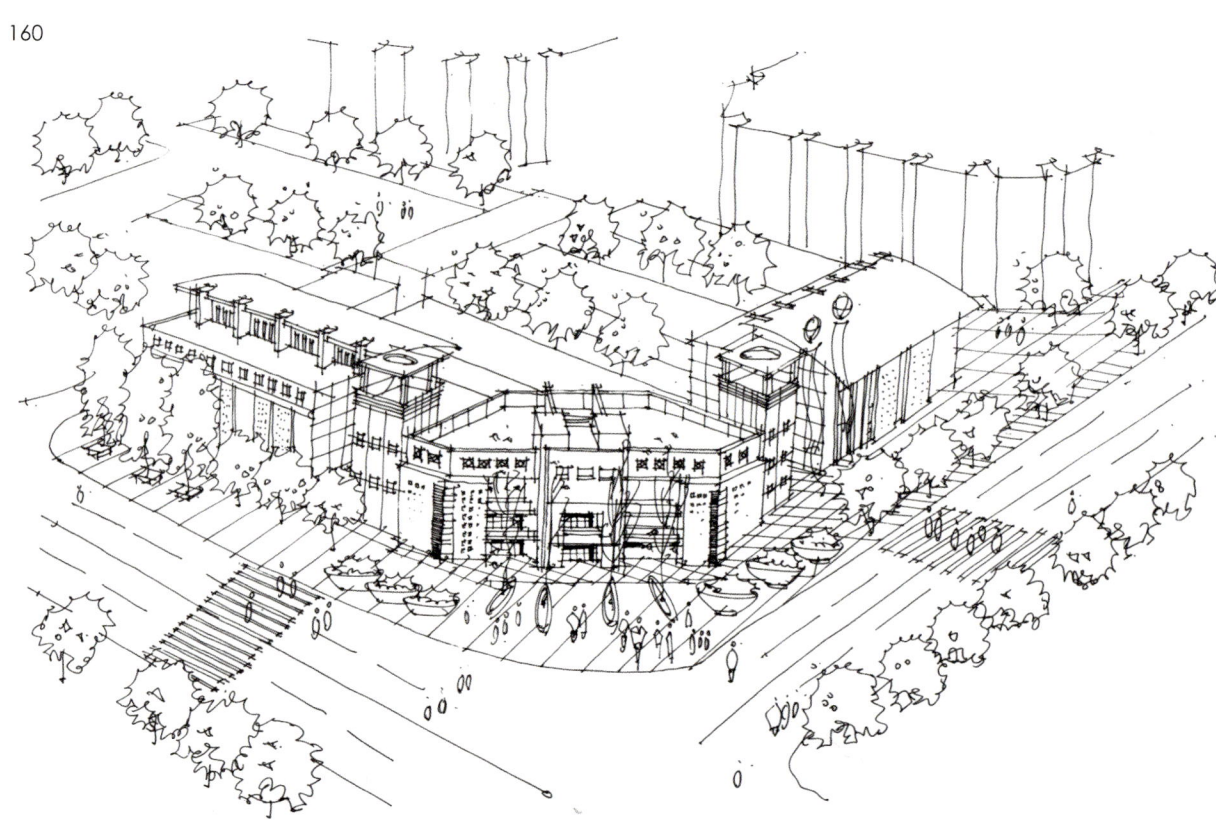

160、161.某商业建筑方案草图（草图作者：韩君华）
A Commercial Building

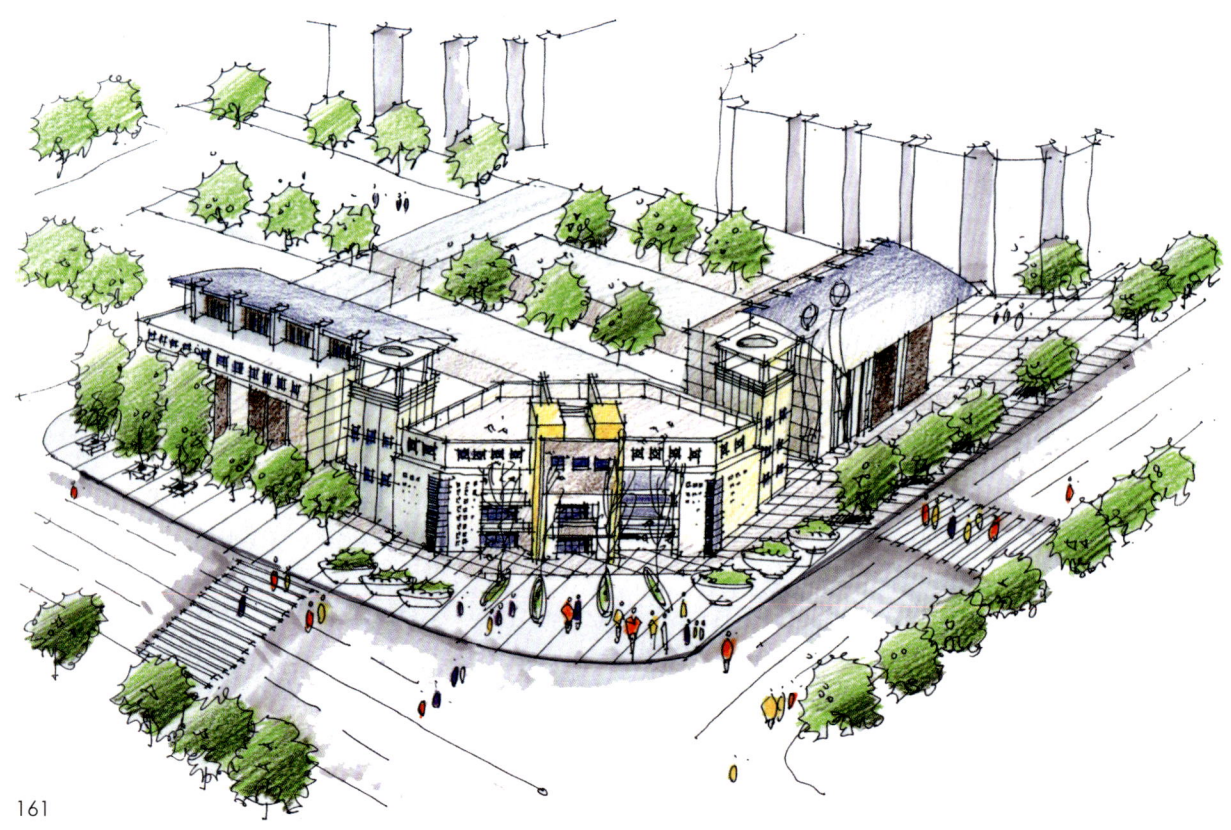

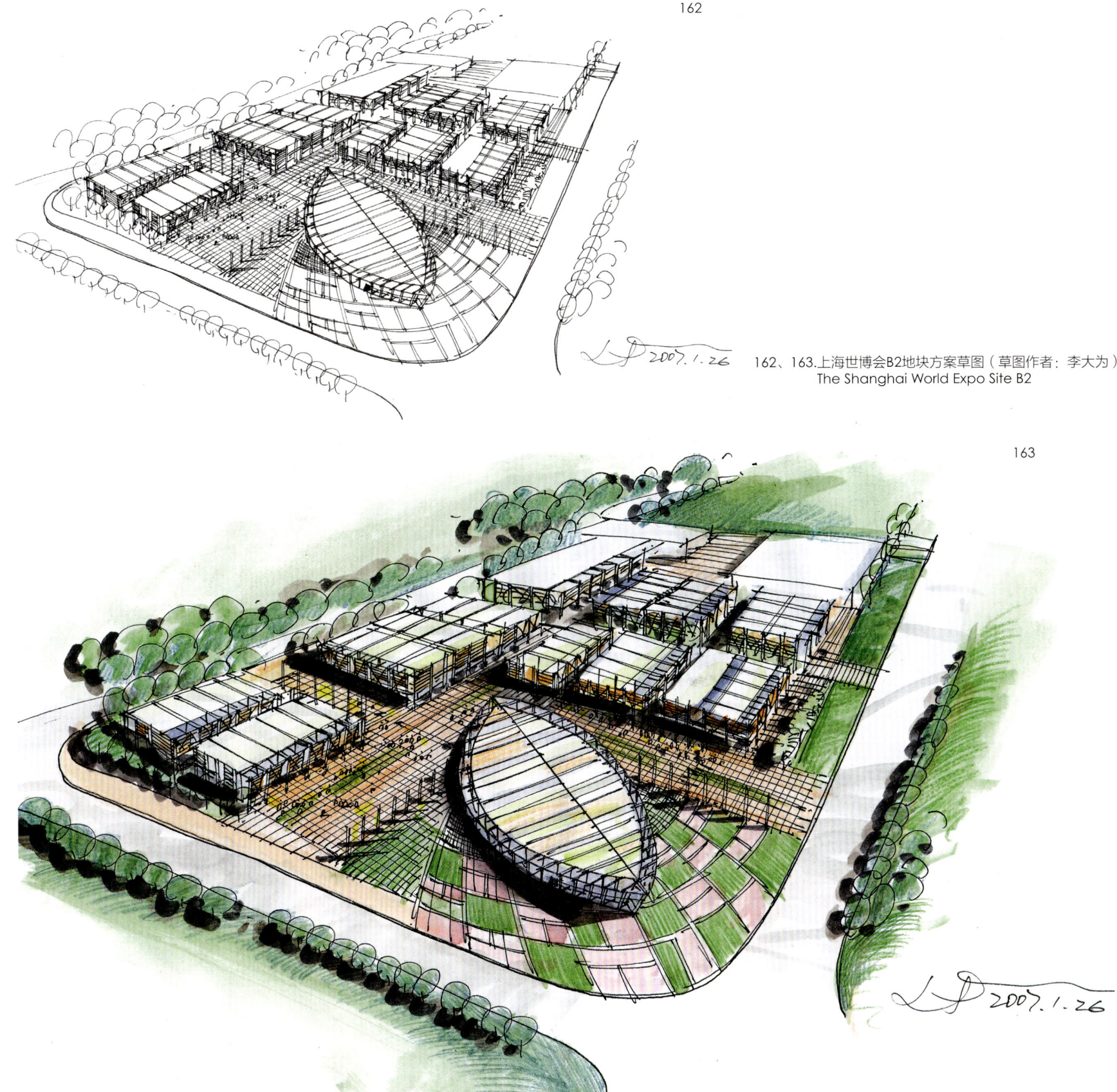

162、163.上海世博会B2地块方案草图（草图作者：李大为）
The Shanghai World Expo Site B2

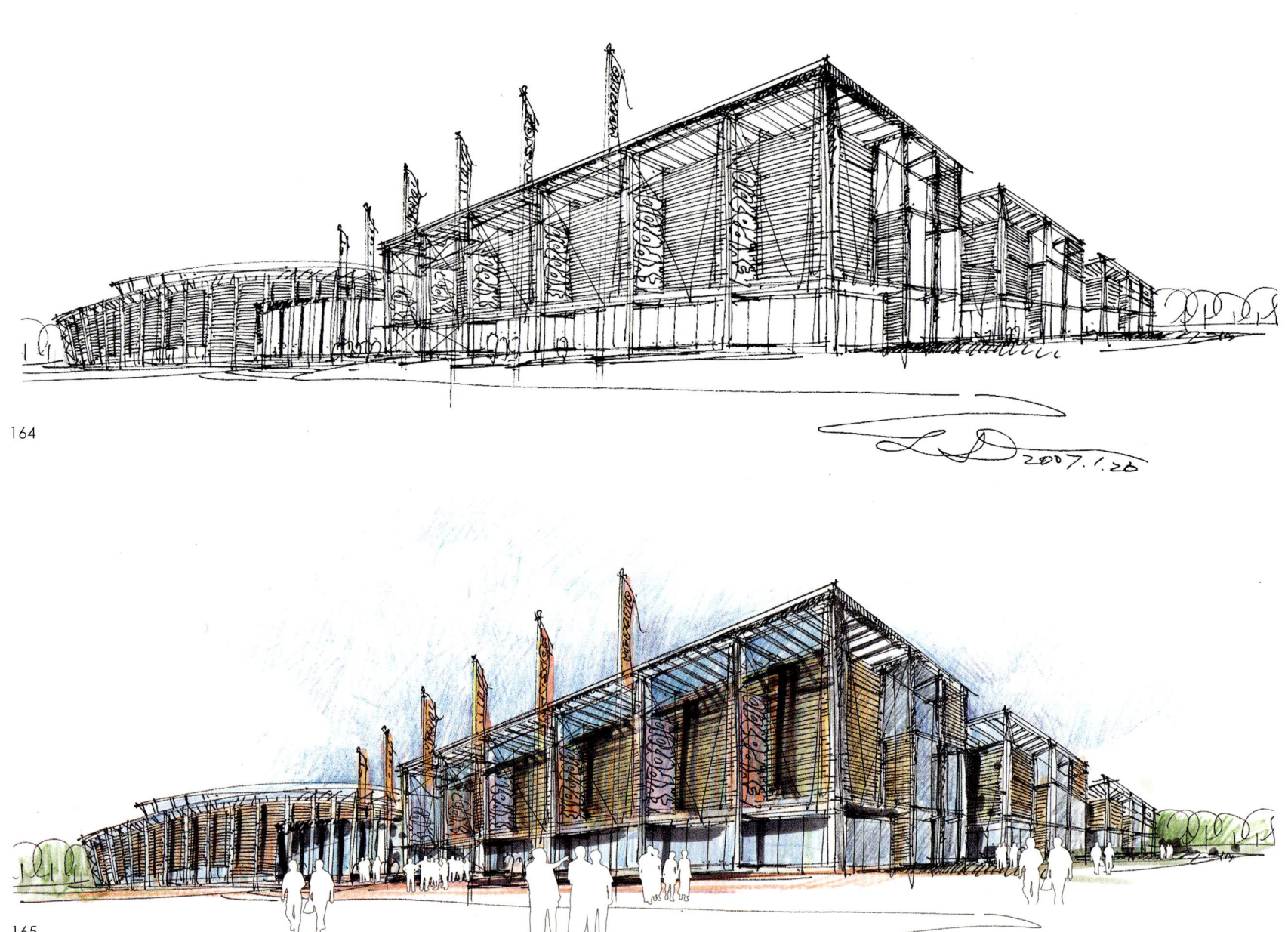

164、165.上海世博会B2地块单体设计方案草图（草图作者：李大为）
Shanghai World Expo Design Monomer Solution of B2

166、167.上海世博会B2地块单体设计方案草图（草图作者：李大为）
Shanghai World Expo Design Monomer Solution of B2

168

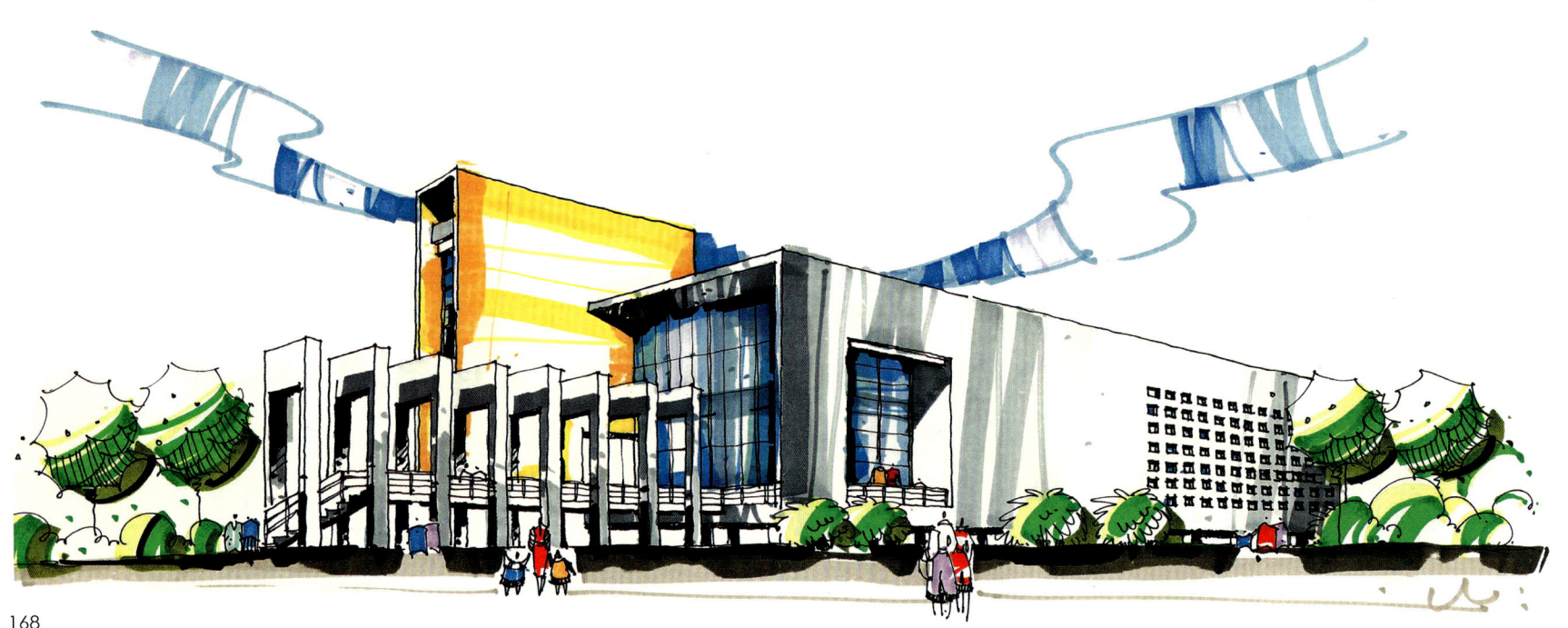

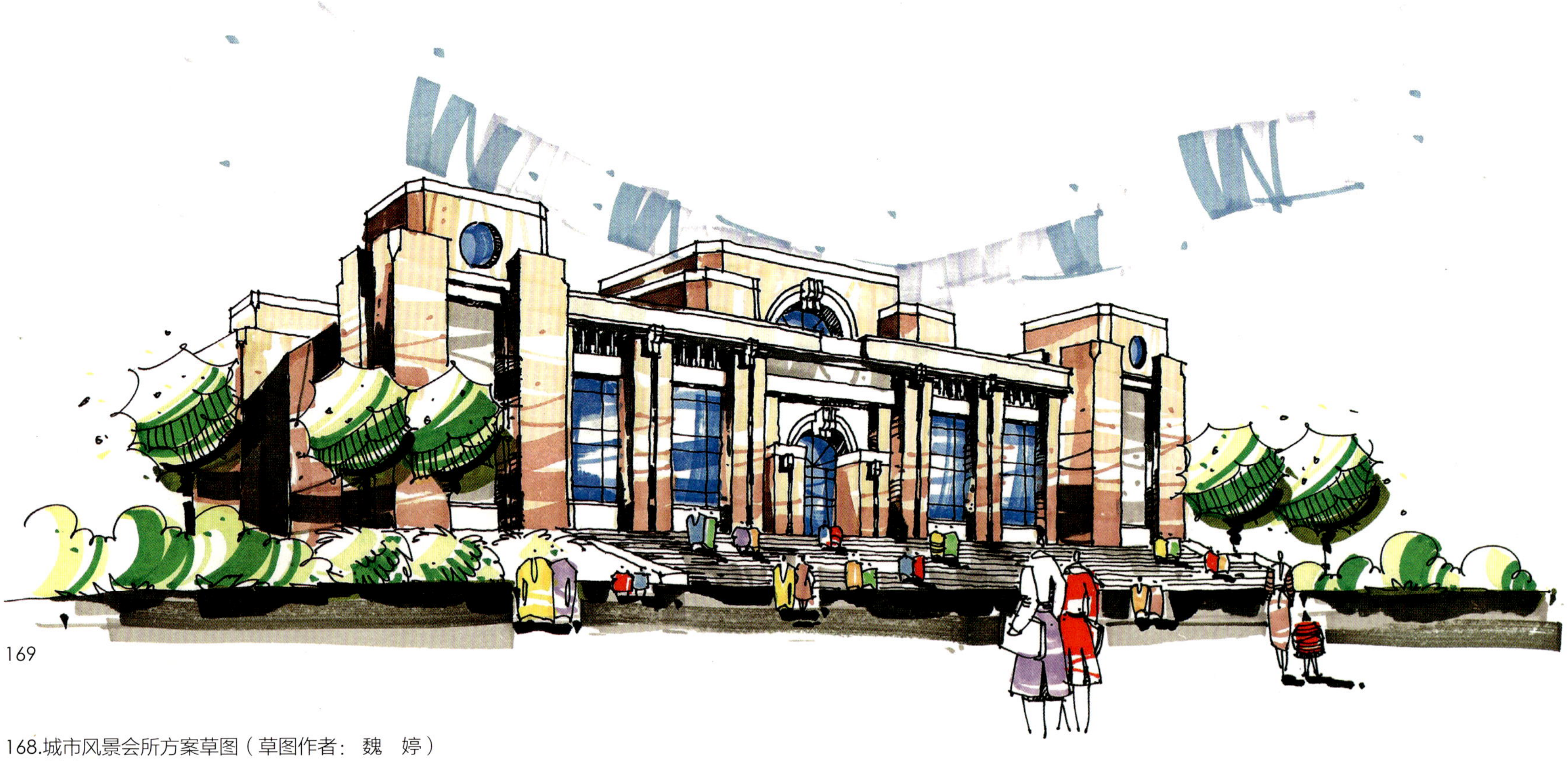

169

168.城市风景会所方案草图（草图作者：魏　婷）
Clubs

169.照金纪念馆方案草图　（草图作者：魏　婷）
Zhaojin Memorial Hall

钢笔画技能 SKILL OF PEN SKETCH

建筑师艺术修养
AESTHETIC KNOWLEDGE IN ARCHITECTURE

兴趣培养： 作为一名优秀的建筑师，美术应是我们热爱和学习建筑的必修学科，提高美术的兴趣，也是提高我们建筑创作思维和美学修养的重要部分，喜爱美术也会将对绘画的激情带到我们的建筑创作中。

所以，平时建筑师应该在创作之余经常画一些自己喜欢的画，把美术与建筑创作结合在一起，享受其间的乐趣。

170.水墨画（作者：李大为）
Wash Painting

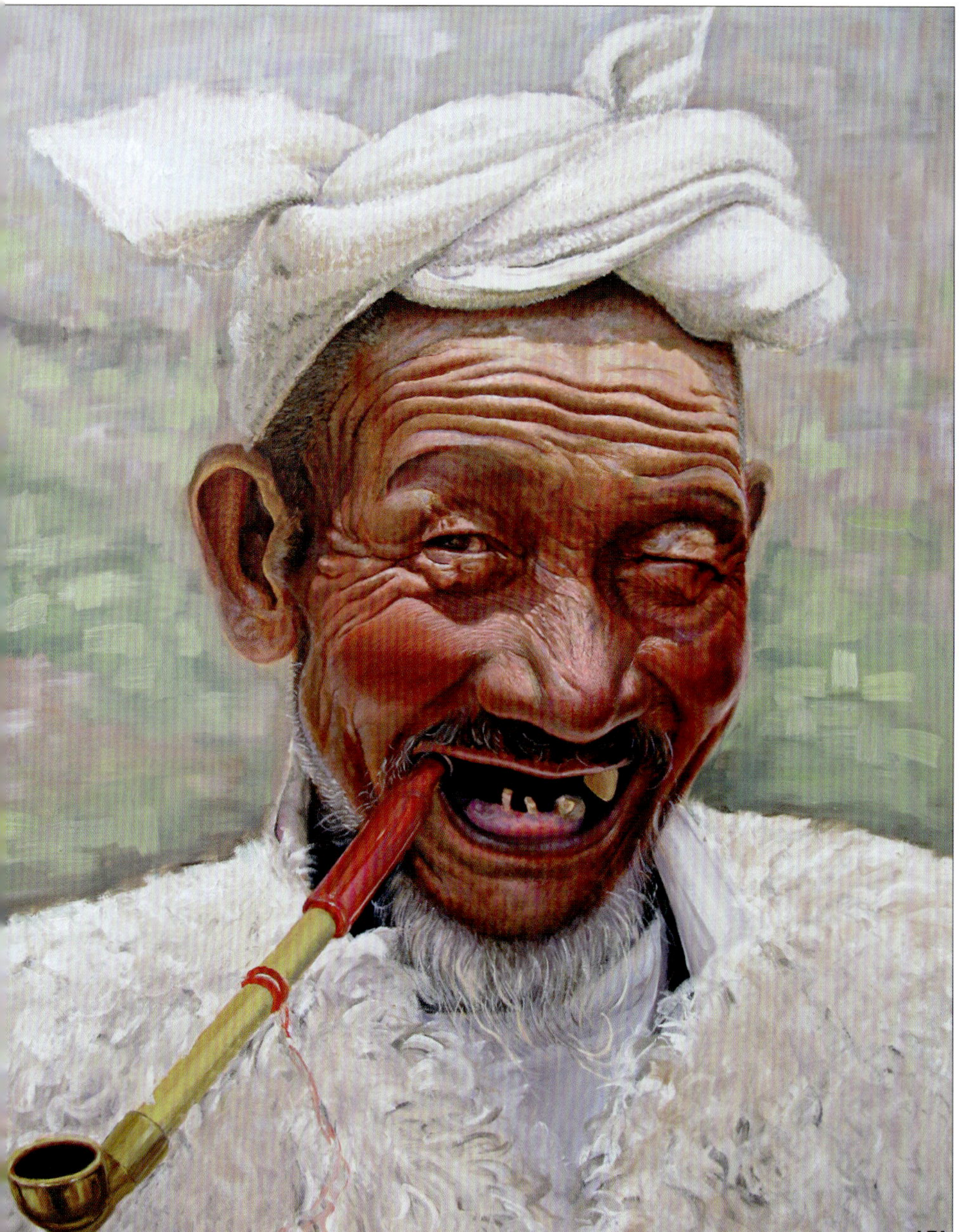

171

172

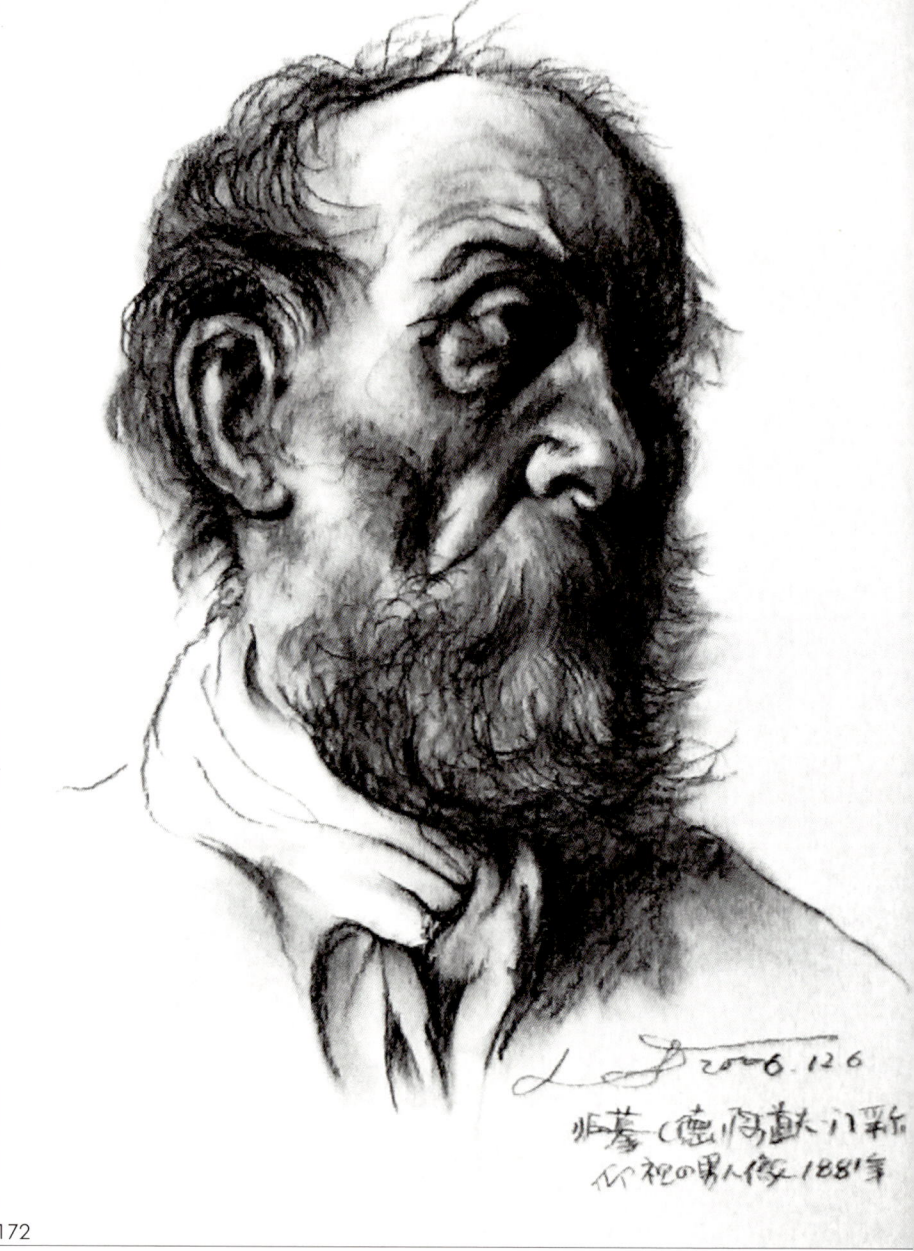

171.油画写生 （作者：张越原）
Oil Painting

172.炭笔素描临摹 （作者：李大为）
Charcoal Sketch

173、174.铅笔素描临摹（作者：王　琦）
Pencil Sketch

175、176.铅笔素描 （作者：吴　丹）
Pencil Sketch

作为一个好的建筑师，不光要有靠图纸跟人沟通的能力，建筑师要对色彩，形体，都有好的把握，所以油画、素描、水粉、国画、都可以成为建筑师的日常兴趣之一。

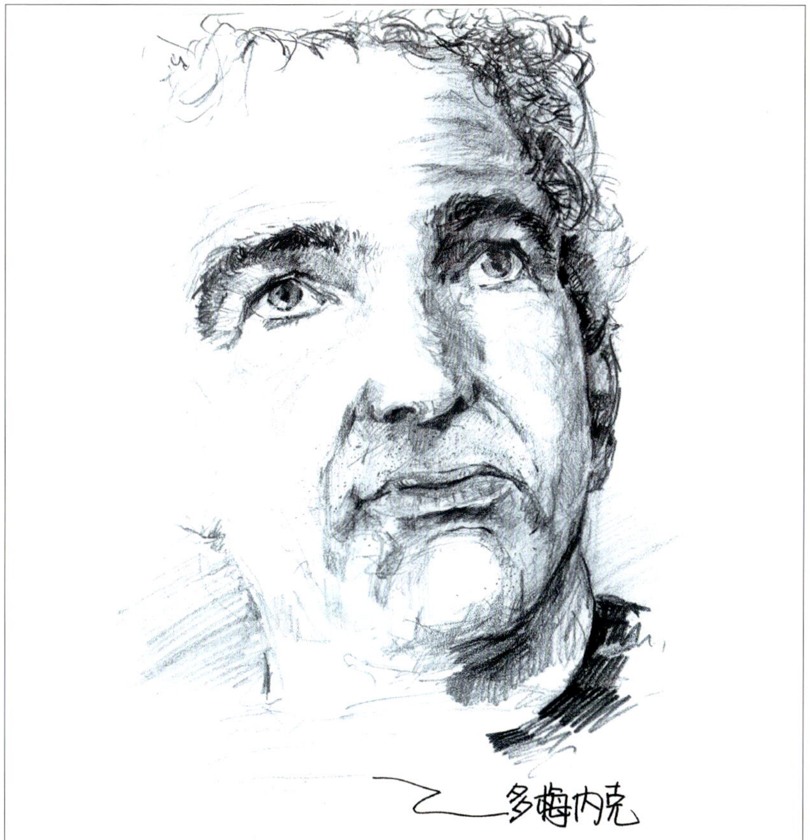

173

174

175

176

钢笔人物速写以简练的线条概括出人物的特征及动势，再配合钢笔线条塑造出面部光影，是对于钢笔画表现中线条及明暗关系的有效训练手段，也是培养钢笔徒手表现这种能力的极佳方式。

177-182.人物头像临摹　（作者：李大为）
Pen Sketch

183-186.钢笔人物速写临摹（作者：屈　张）
Pen Sketch

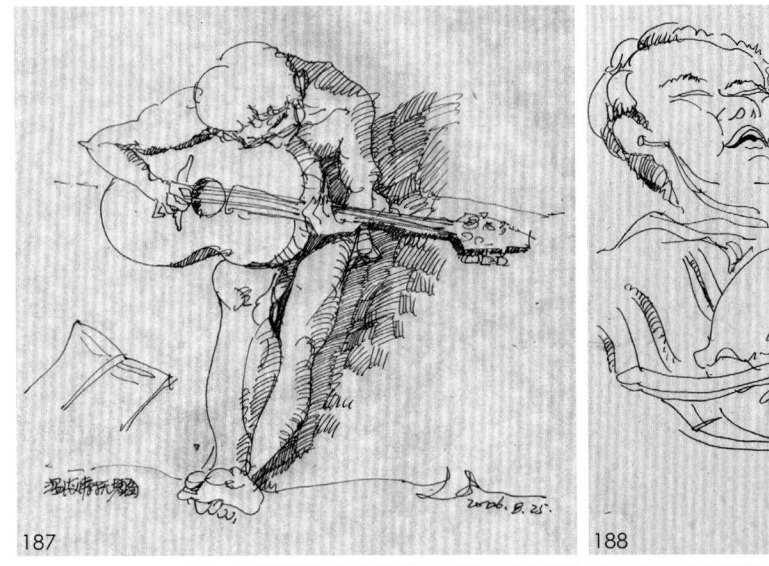
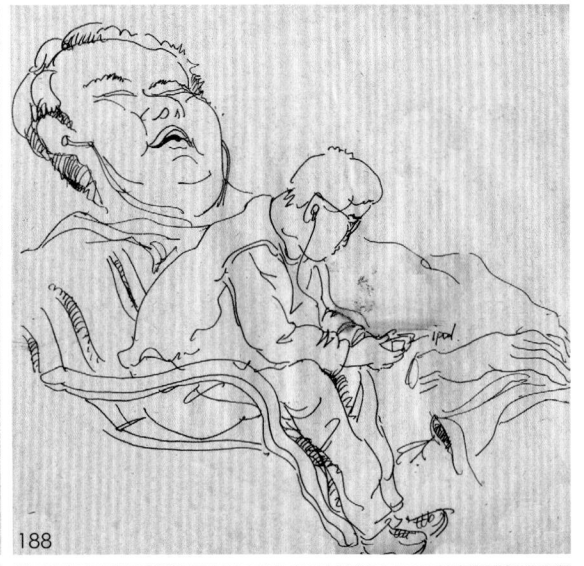

左边这些钢笔草图都是建筑师日常生活的片段，建筑师通过短时间的快速草图描绘，一个个生动的场景就出现在我们面前。

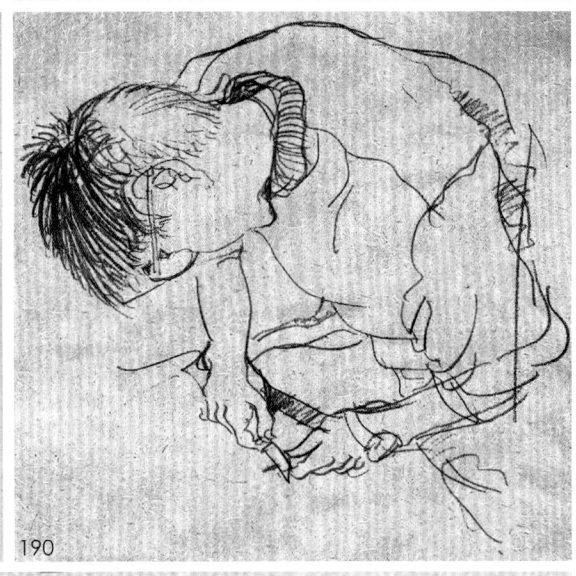

187-191.钢笔速写（作者：李大为）
Pen Sketch

国画、水粉画也可以作为建筑师日常的兴趣爱好，以培养自己对颜色的感觉。

192.水粉画临摹（作者：李大为）
Gouache

193

194

195

196

197

198

199

200

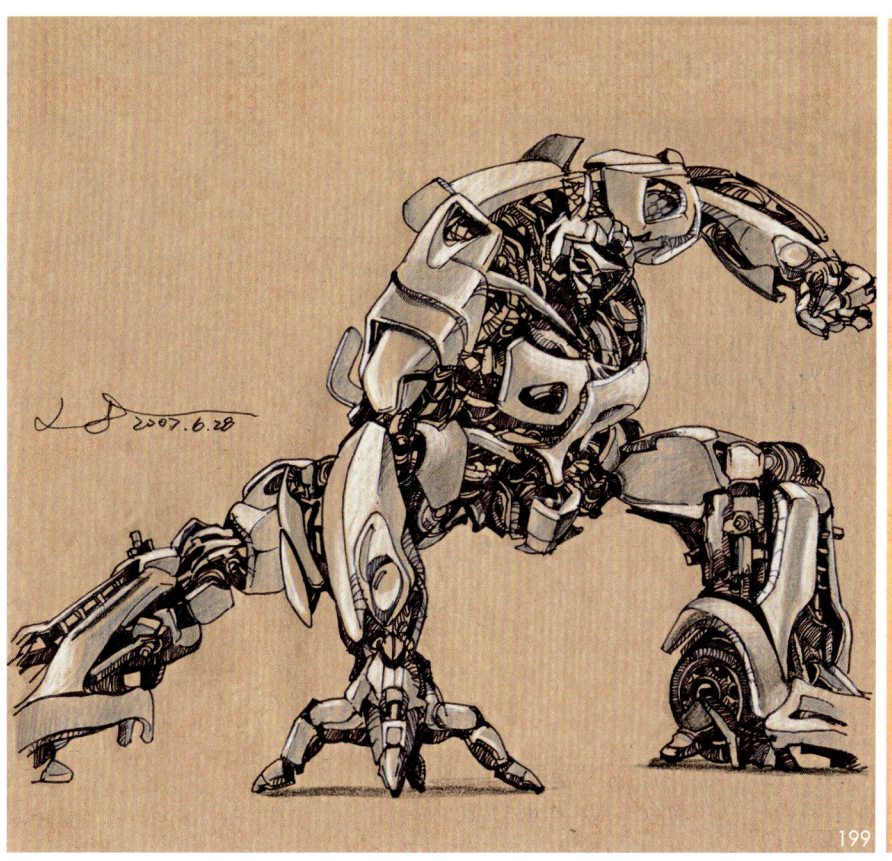

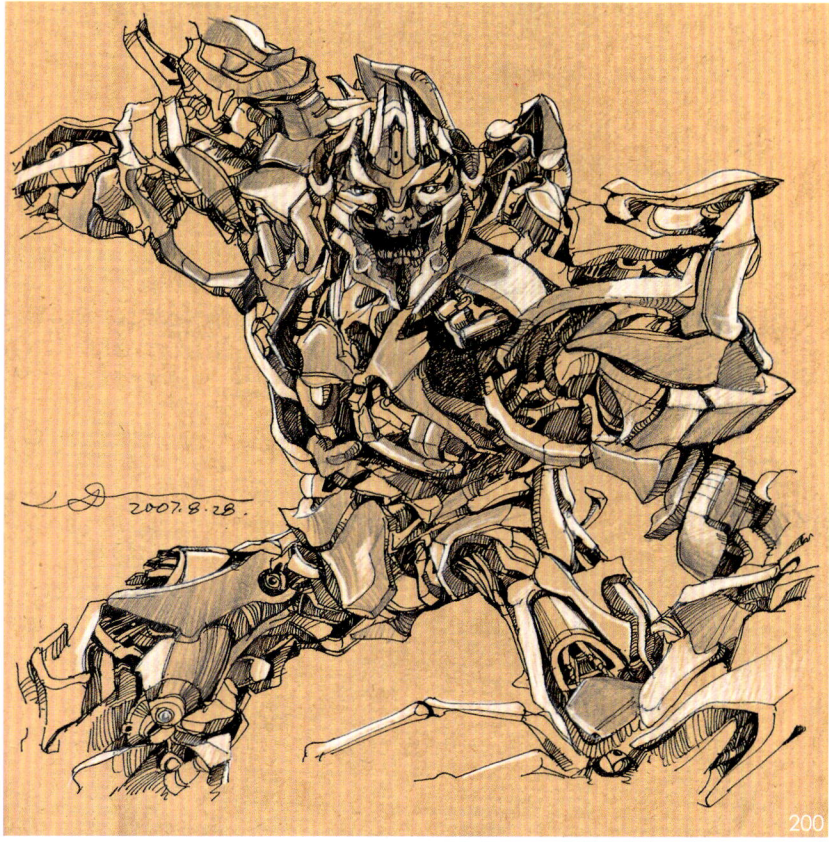

193、194.钢笔速写兴趣画（作者：李大为）
Pen Painting

195-198.软陶模型（作者：刘　汉）
LS model

199、200.钢笔速写兴趣画（作者：李大为）
Pen Painting

201.钢笔速写兴趣画（作者：高　伟）
Pen Painting

202.钢笔速写兴趣画（作者：王　琦）
Pen Painting

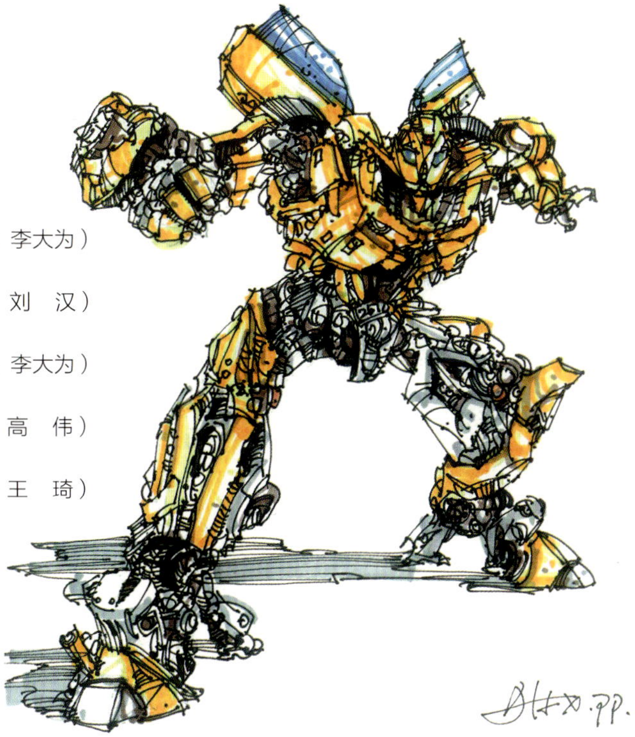

201

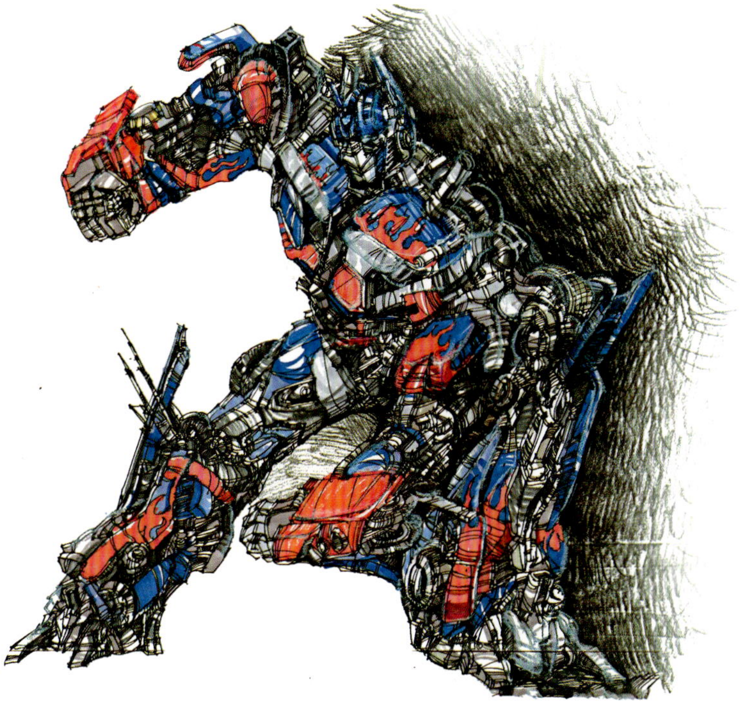

202

203. 国画　　　　（作者：何玥琪）
    Watercolour Painting

204. 凤凰古城写生　（作者：张越原）
    Traditional Houses in Fenghuang

205. 水粉画写生　　（作者：屈　张）
    Gouache

COMPOSITION IN ARCHITECTURE

建筑与构成

  我们先拿写文章做一个比喻：在中学学习期间，语文老师为了提高学生的语文写作能力，首先要求学生记大量的词汇，才能做到脱口成章。有了这些词汇量，虽然文章的词组用得很丰富、很华丽，但是如果我们的语法使用不当，写出的文章也不一定生动，这就要求我们在记忆了大量词汇的同时还要学习好语法。

  在建筑学的学习期间，学生做了大量的平面构成、色彩构成、立体构成等构成作业，这些构成作业就是建筑的词汇量，再加上钢笔画的训练，使得学生做到脱手成图。但是手绘好了，构成的词汇量多了，建筑的设计并不一定作得好，还要用建筑的语法来修饰及整合，建筑设计的主要语法就是彭一刚老师写的建筑空间组合论，也就是用比例、尺度、韵律、对比、节奏等来修饰及整合建筑创作这篇"文章"。

  这一章节分为两个部分。一部分将学生的各种构成作业与同类相近的建筑作横向联系及对比，将构成作业转换成建筑的形体及作品，拓宽我们的思维及视野；另一部分将各种建筑按构成单元及语法单元来分类，使我们在设计中，对于不同的建筑类型，能合理地运用不同的构成元素及手法去整合建筑。在整合的过程中，通过建筑的比例、尺度、韵律、节奏、对比等语法，来修饰建筑，让我们对创作手法应用自如，不断提高我们的创作能力。

建筑与构成 COMPOSITION IN ARCHITECTURE

平面构成
PLANE COMPOSITION

平面构成是通过点、线、面以及色彩肌理等不同元素之间的组合，来训练学生的逻辑思维和抽象思维的能力，以提高学生对比例、对比、韵律、渐变、旋转等技法的掌控水平，与此同时，也培养了学生对于美学的理解和修养。事实上，平面构成除了对视觉方面的创作拓宽了思路（例如建筑立面设计），也为内在逻辑的合理性提供了依据（例如建筑平面功能布置）。所以各种构成技巧和表现方法的熟练运用，是设计行业从业者必备技能。

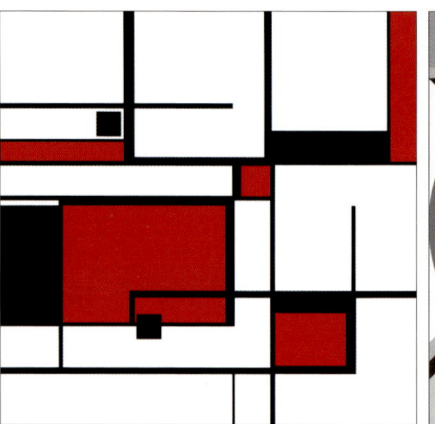
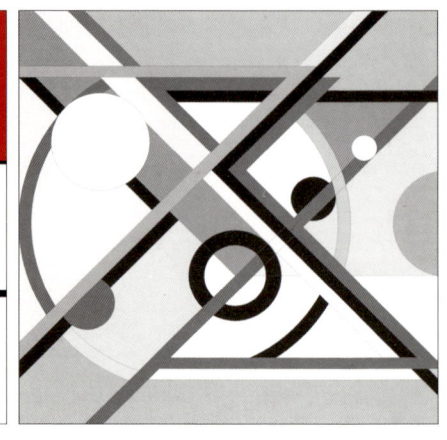

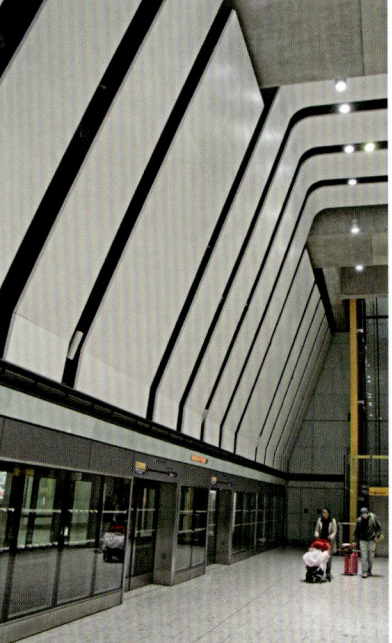

001	002	003	004
005	006		
007	008	009	

001. 点线面平面构成学生作业
（作者：高晨子）
Plane Composition

002. 点线面平面构成学生作业
（作者：高 羽）
Plane Composition

003. 点线面平面构成学生作业
（作者：刘 汉）
Plane Composition

004. 点线面平面构成学生作业
（作者：张雪蕾）
Plane Composition

005. 上海世博会通道吊顶
（摄影：屈培青）
Ceiling in the Building of Expo2010

006. 英国某机场航站楼吊顶
（摄影：屈培青）
Ceiling of an Airport, UK

007. 英国某机场航站室内
（摄影：屈培青）
Interior Design of an Airport, UK

008. 上海世博会捷克国家馆外立面
（摄影：屈培青）
The Czekh Pavilion of Expo2010

009. 上海世博会瑞典国家馆
（摄影：屈培青）
The Sweden Pavilion of Expo2010

建筑与构成 平面构成（点线面构成）

010. 德国柏林Am Kopfergraben美术馆 （摄影：屈 张）
Am Kopfergraben Gallery,Berlin

011. 广东省博物馆 （摄影：屈培青）
Guangzhou Museum

012. 德国德绍包豪斯 （摄影：屈 张）
Bauhaus,Dessau

013. 上海国金中心商场 （摄影：屈培青）
IFC,Shanghai

014. 新加坡某建筑内庭院 （摄影：屈培青）
Courtyard,Singapore

015. 曼海姆Neuhermsheim社区中心
（摄影：王 敏）
Neuhermsheim,Mannheim

建筑与构成 平面构成（点线面构成）

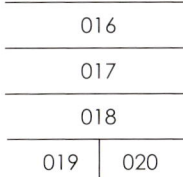

016.重复构成学生作业——有
规律的圆
（作者：吴 丹）
Plane Composition

017.重复构成学生作业——随
机性的圆
（作者：高晨子）
Plane Composition

018.重复构成学生作业——随
机性的圆
（作者：高晨子）
Plane Composition

019.重复构成学生作业——几
何拼接（作者：高晨子）
Plane Composition

020.重复构成学生作业——几
何拼接（作者：高 羽）
Plane Composition

021.上海喜马拉雅中心　　　　　（摄影：屈培青）
Himalaya Center,Shanghai

022.上海喜马拉雅中心立面细部（摄影：屈培青）
Himalaya Center,Shanghai

023.德国德累斯顿商业街　　　　（摄影：王 敏）
Commercial Street,Dresden

024.德国德累斯顿商业街立面细部（摄影：王 敏）
Commercial Street,Dresden

025.上海世博会波兰国家馆　　　（摄影：屈培青）
The Poland Pavilion of Expo2010

026.上海世博会波兰国家馆立面细部（摄影：屈培青）
The Poland Pavilion of Expo2010

027.新加坡假日皇冠酒店　　　　（摄影：屈培青）
Crowne Hotel,Singapore

028.新加坡假日皇冠酒店立面细部（摄影：屈培青）
Crowne Hotel,Singapore

建筑与构成 平面构成（重复构成）

029.厦门某宾馆大堂墙面装饰
（摄影：屈培青）
Lobby in a Hotel, Xiamen

030.西班牙某建筑门饰 （摄影：屈培青）
Decoration, Spain

031.西安威斯汀酒店立面装饰细部
（摄影：刘 汉）
Westin Hotel, Xi'an

032.上海世博会中国馆立面细部
（摄影：屈培青）
The China Pavilion, Shanghai

033.杭州湖滨商业街 （摄影：屈培青）
Waterfront Street, Hangzhou

034.杭州凯悦酒店室内 （摄影：屈培青）
Hyatt Hotel, Hangzhou

035.美国纽约宗教学校立面细部
（摄影：屈 张）
Religion School, New York

036.三亚半山半岛洲际酒店
（摄影：屈培青）
Inter Continental Hotel, Sanya

037.西班牙马德里街景 （摄影：王 敏）
Street in Madrid

038.北京外国语大学图书馆
（资料提供：北京宝贵石）
Library of BFSU

039.新加坡某公寓立面 （摄影：屈培青）
Apartment in Singapore

040.德国德累斯顿商业建筑
（摄影：王 敏）
Shopping Center in Dresden

041.哥本哈根贝拉天空酒店
（摄影：姜 宁）
Bella Sky Hotel in Copenhagen

042.杭州新城某公共建筑（摄影：屈培青）
Building in Hangzhou

043.三亚半山半岛洲际酒店
（摄影：屈培青）
InterContinental Hotel, Sanya

044.哥本哈根贝拉天空酒店立面细部
（摄影：姜 宁）
Bella Sky Hotel in Copenhagen

平面构成主要运用于建筑的立面设计,通过对建筑的开窗形式、表皮设计等来丰富建筑造型。

	045	046	047
045		048	049
050	051	052	053

045、051、053.渐变平面构成学生作业　（作者：刘　汉）
Plane Composition
046、047.渐变平面构成学生作业　（作者：朱原野）
Plane Composition
048.渐变平面构成学生作业　（作者：宋文龙）
Plane Composition
049.渐变平面构成学生作业　（作者：高晨子）
Plane Composition
050.渐变平面构成学生作业　（作者：张文静）
Plane Composition
052.渐变平面构成学生作业　（作者：高　羽）
Plane Composition

054	055	056	057
058	059	060	061
062		063	064
		065	066

054.旋转发射平面构成学生作业　（作者：曹　哲）
Plane Composition
055.旋转发射平面构成学生作业　（作者：高　羽）
Plane Composition
056.旋转发射平面构成学生作业　（作者：高晨子）
Plane Composition
057.旋转发射平面构成学生作业　（作者：张雪蕾）
Plane Composition
058.变异平面构成学生作业　（作者：张文静）
Plane Composition
059、060.变异平面构成学生作业　（作者：朱原野）
Plane Composition
061.变异平面构成学生作业　（作者：刘　汉）
Plane Composition
062.旋转发射平面构成学生作业　（作者：朱原野）
Plane Composition
063-066.巴塞罗那高迪公园　（摄影：王　敏）
Barcelona Gaudi Park

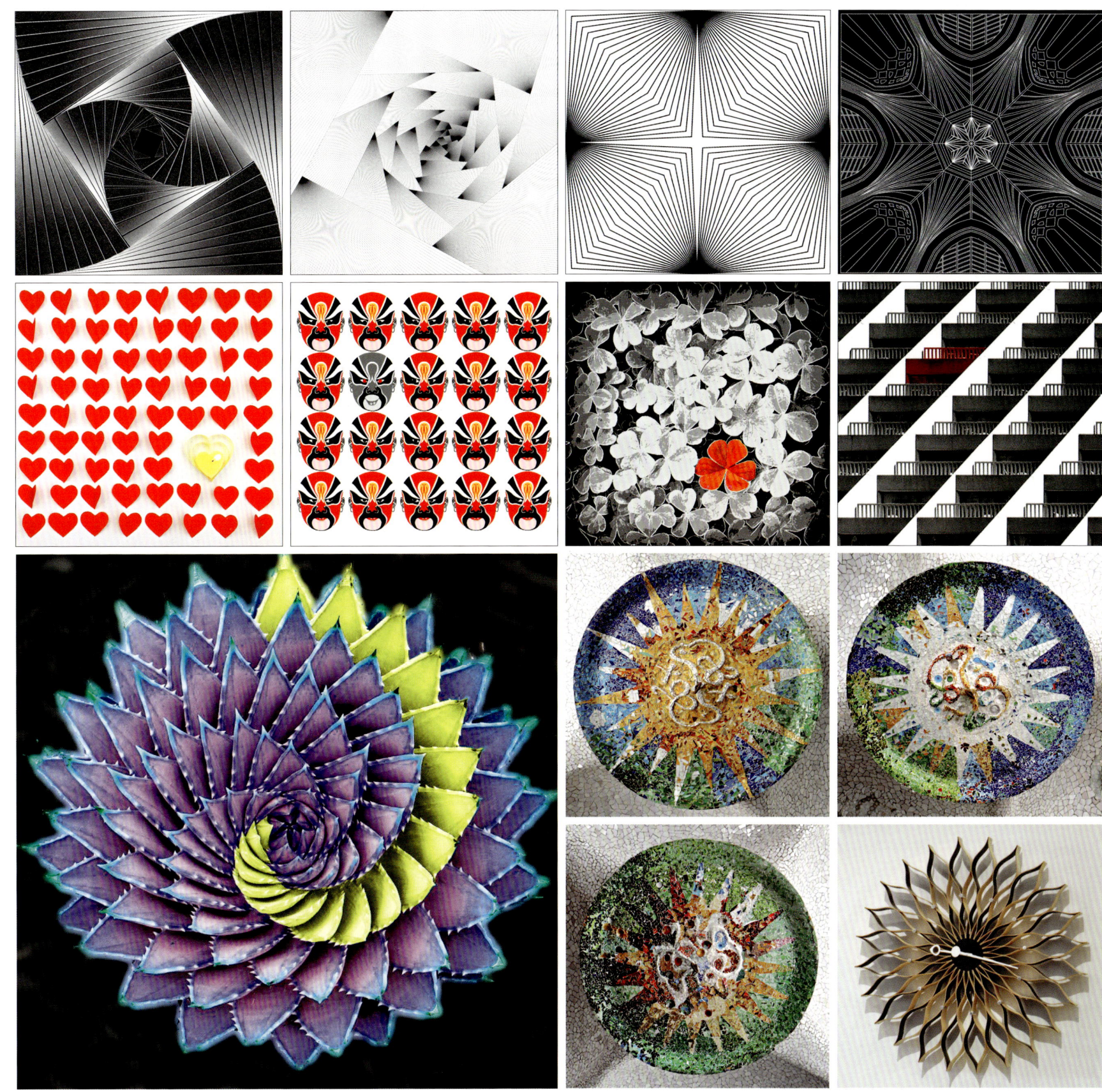

建筑与构成　平面构成（渐变 变异 发射构成）　121

建筑与构成 COMPOSITION IN ARCHITECTURE

色彩构成
COLOR COMPOSITION

建筑师对色彩构成的运用，一方面要保证能够对所需色彩进行有规律有想法的组合和搭配，同时也需要具备美学的眼光，利用适宜的位置、准确的元素，并赋予建筑恰当的色彩。

色彩构成训练：学生通过对色彩原始本质的理性分析，感受和领悟色彩的本质、情感和规律，提升对色感的把握度和判断力，培养色彩的表现和应用能力，更能丰富学生的想象力、创造力和提高对色彩的敏锐鉴赏能力。

067	068	069
070	071	072
073	074	075
076	077	078

067.学生色彩构成作业-材料：图钉（作者：吴 丹）
Color Composition

068.学生色彩构成作业-材料：曲别针（作者：吴 丹）
Color Composition

069.学生色彩构成作业 （作者：高晨子）
Color Composition

070.学生色彩构成作业-材料：色粉笔（作者：张雪蕾）
Color Composition

071.学生色彩构成作业 （作者：张雪蕾）
Color Composition

072.学生色彩构成作业 （作者：张雪蕾）
Color Composition

073.学生色彩构成作业-材料：彩纸（作者：何玥琪）
Color Composition

074.学生色彩构成作业-材料：彩纸（作者：何玥琪）
Color Composition

075.学生色彩构成作业-材料：彩纸（作者：张文静）
Color Composition

076.学生色彩构成作业-材料：食材（作者：屈 张）
Color Composition

077.学生色彩构成作业-材料：丙烯（作者：屈 张）
Color Composition

078.学生色彩构成作业-材料：水粉（作者：曹 易）
Color Composition

建筑与构成　色彩构成（学生作业）

红色：热情、奔放、革新、温暖、吉祥等。

大胆的红色运用往往在建筑中起到醒目的视觉作用，并在建筑造型中给人以振奋及冲击感。

079.德国埃森 红点设计博物馆
（摄影：屈 张）
Red Dot Design Museum

080.新加坡 樟宜机场
（摄影：屈 张）
Changi Airport

081.浙江杭州 规划展览馆
（摄影：屈培青）
Urban Planning Exhibition Hall

082、083.浙江杭州钱江新城 室外楼梯及通风口
（摄影：屈培青）
Qianjiang New City

084.德国埃森 矿业同盟博物馆自动扶梯
（摄影：屈 张）
Mining Confederate Museum

085.西班牙毕尔巴鄂 古根海姆博物馆　　　（摄影：王　敏）
Guggenheim Museum

086.德国 汉堡海港区　　　　　　　　　（摄影：屈　张）
Hamburg Harbor Area

087、088.北京 奥林匹克广场　　　　　（摄影：郭　辉）
Olympic Plaza

089.西藏 街头集市　　　　　　　　　（摄影：屈培青）
Street Fairs

建筑与构成 色彩构成（建筑色彩构成）

中国红在传统建筑上的运用，无疑成为中国文化的显著标识。红色不仅有其本身热情奔放的特性，同时还是一种文化信息传递的媒介。

090.陕西西安 大唐芙蓉园（摄影：杨 苏）
The Tang Paradise,Xi'an

091.陕西西安 人民剧院 （摄影：屈培青）
People's Theater,Xi'an

092.北京 颐和安缦酒店 （摄影：屈培青）
Aman Hotel,Beijing

红色的热情奔放与孩子的朝气蓬勃是很好的契合，在中小学建筑中使用红色，为学校增添热情洋溢的气氛。

093-097.陕西西安 西安高新国际学校
（设计：屈培青 张超文 姜 宁）
Xi'an High-Tech International School

黄色：明朗、愉快、高贵、希望、发展、提示等。

　　黄色的明度高，与深色的建筑材质容易形成鲜明对比，增加建筑色彩的张力，某些明快的柠檬黄、樱草黄可为建筑带来清新的感觉，而藤黄、雄黄的温性为建筑材质等冰冷质感注入活力与生机。

098、099.上海 电子产业园某建筑　　（摄影：屈培青）
Electronic Industrial Park, Shanghai

100.德国亚琛 慕尼黑总部　　（摄影：王　敏）
Munich Headquarters in Aachen

101.四川九寨沟 黄龙机场　　（摄影：屈培青）
Huanglong Airport

102.德国柏林 索尼中心及周边　　（摄影：屈　张）
Sony Center, Berlin

103.京都车站　　（摄影：屈培青）
Kyoto Station

黄色在世界上很多宗教和历史文化的建筑中都出现过。比如藏传佛教建筑中，红黄对比的运用就很好地体现出宗教建筑的文化；西班牙历史建筑中的明快的黄色与诸多颜色、材质的对比也是特点鲜明的。

104、105.西藏拉萨　（摄影：屈培青）
Lahsa

106、107.西班牙某建筑（摄影：屈培青）
Spain

建筑与构成　色彩构成（建筑色彩构成）

108-112.西班牙 城市建筑 （摄影：屈培青）
　　　　City Building,Spain

113.德国班贝格 街景　　（摄影：屈　张）
　　　Streetscape,Bamberg

　　历史上的西班牙是文艺复兴时期艺术与文学高度发展的国家，是重要的文化发源地。如今西班牙给人留下热情奔放的印象，城市中的大街小巷都身着热情洋溢的色彩，建筑中融入了阳光和活力，取材朴实而且做工精良。

130　**建筑与构成**　色彩构成（建筑色彩构成）

114

115

114.希腊　（摄影：李大为）
　　Greece

115.埃及　（摄影：李大为）
　　Egypt

116-118.希腊（摄影：李大为）
　　　　Greece

116

117

118

蓝色：深远、宁静、永恒、理智、凉爽、执着等。
　　蓝色给人以沉稳理智的色彩感受，常常使我们联想到大海与天空，广阔而静谧的颜色用在建筑配色中会使建筑有一种纯净的感觉。

建筑与构成　色彩构成（建筑色彩构成）　131

色彩构成作业是构成训练中很重要的一个环节，通过对建筑色彩的解读，以构成作业的方式进行二次创作，有助于提高色彩的搭配能力以及对色彩的悟性。

最简单的几何图案和基本的三原色就能够衍生出千变万化的效果。蒙德里安的作品就是代表之一，建筑初步教学对这一案例的研究和创作也一直延续至今。

119.学生作业　（作者：张丽雯）
Student Work

120.学生作业　（作者：秦亚梅）
Student Work

121.学生作业　（作者：刘　鑫）
Student Work

122-124.瑞士苏黎世
　　　　海蒂韦伯博物馆
　　　　（摄影：屈　张）
Heidi Weber Museum, Zurich

朴素的建筑石材中点缀以靓丽的红黄蓝绿紫等多种高明度色彩，这种传统与现代的交融感很好地通过色彩的对比体现在美术馆建筑中。

125-128.德国斯图加特 斯图加特国立美术馆（摄影：王 敏）
National Gallery of Stuttgart

建筑与构成 色彩构成（建筑色彩构成）

幼儿园建筑是最常使用丰富色彩的常见建筑，孩子的活泼可爱正是这些明快颜色所要传达的信息。

129. 西安 文景小区幼儿园
（设计：屈培青 常小勇 阎飞 张良）
Kindergarten of Wenjing Community

130. 西安 曲江新区幼儿园
（设计：屈培青 阎飞 王一乐）
Kindergarten of Qujiang Newly Developed Area

131. 新加坡 樟宜机场假日皇冠酒店 （摄影：屈培青）
Crowne Plaza Hotel of Changi Airport

132. 埃及 （摄影：李大为）
Egypt

133. 上海 某建筑楼梯 （摄影：屈培青）
Stairs of a Building

134. 德国慕尼黑 城市雕塑 （摄影：王敏）
Sculpture in Munich

建筑与构成 色彩构成（建筑色彩构成）

色彩的运用在办公及住宿类建筑中常常起到关键的作用，重复的空间形态十分需要更多的建筑元素来丰富立面效果及空间感受。给建筑悬挑部分赋予丰富的色彩，很有效地提升了建筑的张力。

135.德国某住宅建筑阳台　　　（摄影：屈　张）
Balcony of a Residential Building

136.德国汉堡　汉堡媒体港　　（摄影：王　敏）
Hamburg Media Port

137.德国慕尼黑　公园广场住宅　（摄影：王　敏）
Park Plaza Residence

138、139.德国　杜塞尔多夫大学　（摄影：王　敏）
University of Dusseldorf

140.西班牙　某住宅建筑　　　（摄影：屈培青）
Residential Building

玻璃的透明属性给建筑色彩的运用带来了更多种可能性。丰富的色彩通过玻璃间的相互渗透、反射，会产生梦幻般的效果。对自然光的反射也令玻璃材质附有一种迷离的光彩。

141.杜塞尔多夫海港区　　　　　　　　（摄影：屈　张）
　　Dusseldorf Harbor Area
142.德国慕尼黑 布兰德霍斯特博物馆　（摄影：王　敏）
　　Brandhorst Museum, Munich
143.瑞士巴塞尔 诺华医药公司园区　　（摄影：王　敏）
　　Novartis Pharmaceutical Company Campus

建筑与构成 色彩构成（建筑色彩构成）

色彩构成是室内设计当中的常用手法，特别是在灯具的选用上，设计师常用纯度和明度较高的颜色创造出较强的视觉冲击力，从而把参与者的情绪迅速带入场所的主题氛围当中。

144-150.新加坡商业建筑中的灯饰　　（摄影：屈培青）
Lights in Singapore Commercial Building

151.丽江洲际酒店　　　　　　　　（摄影：屈培青）
Lijiang Intercontinental Hotel

152.平遥古城　　　　　　　　　　（摄影：刘　林）
The Ancient City of Pingyao

153.索菲特酒店室内　　　　　　　（摄影：成　社）
Sofitel Hotel Interior Decoration

154、155.丽江亿邦酒店　　　　　　（摄影：倪　巍）
Lijiang Yibang Hotel

建筑与构成　色彩构成（室内色彩构成）

色彩构成延伸到家居用品的设计中，像魏尔维特拉家具博物馆中陈列的形形色色的家居一样，给室内增添了更多的视觉焦点。

156-160. 维特拉家具博物馆　　　（摄影：屈　张）
Vitra Furniture Museum

161. 美国波士顿-MIT脑部研究中心（摄影：屈　张）
MIT Center for Brain Research, Boston

162. 上海世博会土耳其馆　　　　　　（摄影：文　超）
　　 The Turkey Pavilion of Expo 2010
163. 美国普林斯顿大学刘易斯图书馆　（摄影：屈　张）
　　 Lewis Library of Princeton University
164. 上海世博会主题馆　　　　　　　（摄影：文　超）
　　 The Theme Pavilion of Expo 2010
165. 中国银行北京总行　　　　　　　（摄影：文　超）
　　 Bank of China Beijing Headquarters

　　通过不同颜色的对比，可以迅速区分不同体块的前后层次，而这种技巧如果可以被巧妙地运用于单位空间当中，便可使本身稍显促狭的空间变得纵深感较强且趣味性明显。

建筑与构成　色彩构成（室内色彩构成）

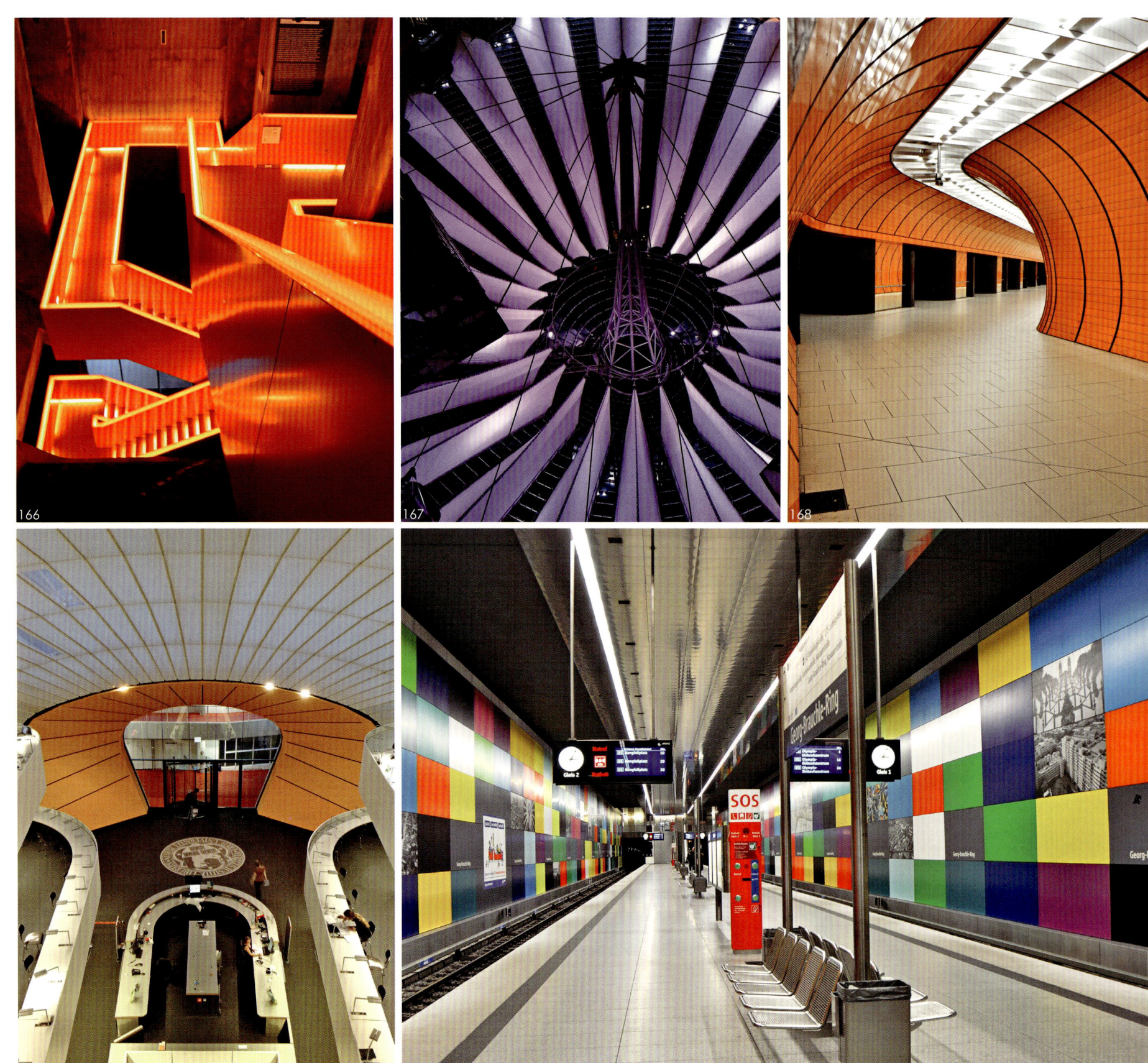

166. 艾森工业博物馆　　　　（摄影：王　敏）
　　　Industry Museum, Essen
167. 柏林波茨坦广场索尼中心（摄影：王　敏）
　　　Potsdamer Platz Sony Center, Berlin
168. 慕尼黑地铁站　　　　　（摄影：王　敏）
　　　Subway Station, Munich
169. 柏林自由大学文科图书馆（摄影：屈　张）
　　　Free University Library, Berlin
170. 慕尼黑地铁站　　　　　（摄影：王　敏）
　　　Munich Subway Station
171. 索菲特酒店休息大厅　　（摄影：成　社）
　　　Lounge of Sofitel, Xi'an
172. 厦门某酒店　　　　　　（摄影：屈培青）
　　　A Hotel in Xiamen
173. 上海豪华精选酒店　　　（摄影：屈培青）
　　　Luxury Collection Hotel, Shanghai
174. 丽江亿邦酒店　　　　　（摄影：倪　巍）
　　　Yibang Hotel, Lijiang

建筑与构成　色彩构成（室内色彩构成）

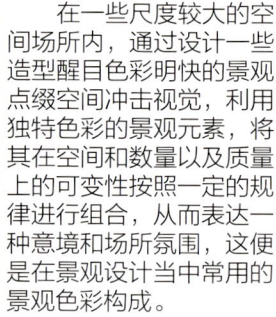

在一些尺度较大的空间场所内，通过设计一些造型醒目色彩明快的景观点缀空间冲击视觉，利用独特色彩的景观元素，将其在空间和数量以及质量上的可变性按照一定的规律进行组合，从而表达一种意境和场所氛围，这便是在景观设计当中常用的景观色彩构成。

175-178.法国巴黎拉维莱特公园
（摄影：屈培青）
Parc de la Villette
179.巴黎德方斯商业开发区
（摄影：王 敏）
La Defense CBD in Paris

180.新加坡滨海湾金沙 （摄影：屈培青）
Marina Bay Sands, Singapore

181.瑞士洛桑奥林匹克博物馆
（摄影：屈培青）
Olympic Museum, Lausanne

182.法国里昂飞机场 （摄影：王 敏）
French Lyon Airport

183.瑞士洛桑奥林匹克博物馆
（摄影：屈培青）
Olympic Museum, Lausanne

184、185.浙江杭州钱江新城
（摄影：屈培青）
Qianjiang Newly City, Hangzhou

建筑与构成 色彩构成（景观色彩构成） 145

将日常生活中所常见的某一个物象，通过颜色的对比，尺度的夸张以及对不稳定的感知等进行抽象和演绎，从而形成了一种新的具有冲击力的物象，既实现了标志性也契合了其所处的场所精神，就此，创新之意便油然而生。

186.巴黎德方斯商业开发区 （摄影：王　敏）
La Defense CBD in Paris

187.瑞士日内瓦联合国总部 （摄影：屈　张）
United Nations Headquarters in Geneva

188.瑞士景观雕塑 （摄影：屈培青）
Landscape sculpture, Switzerland

189.德国魏尔-维特拉家具博物馆
　　　　　　　　　　（摄影：屈　张）
Vitra Furniture Museum, Weil

190.上海浦东城市雕塑 （摄影：屈培青）
City Sculpture, Shanghai

191.西班牙毕尔巴鄂古根海姆博物馆
　　　　　　　　　　（摄影：王　敏）
Guggenheim Museum, Bilbao

192.斯图加特城市雕塑 （摄影：王　敏）
City Sculpture, Stuttgart

193.新加坡景观雕塑　（摄影：屈培青）
Landscape Sculpture, Singapore

194.柏林新媒体区　（摄影：王　敏）
New Media District, Berlin

195、196.韩国城市雕塑　（摄影：常小勇）
City Sculpture, Korea

197.上海景观雕塑　（摄影：屈培青）
Landscape Sculpture, Shanghai

198、199.斯图加特城市雕塑　（摄影：王　敏）
City Sculpture, Stuttgart

建筑与构成　色彩构成（景观色彩构成）　　147

200.201.西班牙米罗美术馆 （摄影：屈培青）
The Spanish Miro Gallery

202.西班牙景观雕塑 （摄影：屈培青）
Landscape Sculpture,Spain

203.北京希尔顿酒店 （摄影：屈培青）
Hilton Hotel,Beijing

204.某景观雕塑 （摄影：屈培青）
A Landscape Sculpture

205.新加坡樟宜机场 （摄影：屈培青）
Singapore Changi Airport

206.室内雕塑 （摄影：屈培青）
Indoor Sculpture

207.美国费城景观雕塑　　　（摄影：屈　张）
Landscape Sculpture, Philadelphia

208.荷兰阿姆斯特丹街景　　（摄影：屈　张）
Stree tscape in Amsterdam, Holland

209.荷兰阿姆斯特丹自行车库（摄影：屈　张）
Bicycle Parking in Amsterdam

210.汉诺威城市雕塑　　　　（摄影：王　敏）
City Sculpture, Hanover

建筑与构成　色彩构成（景观色彩构成）　　149

211.德国亚琛街景　　　　　　　　　（摄影：王　敏）
　　Streetscape in Aachen,Germany

212.意大利威尼斯圣马可广场　　　　（摄影：屈　张）
　　Plaza San Marco in Venice,Italy

　　在广场的设计中，利用大批量座椅，对颜色和组合方式以及装饰特点进行层次性排列，从而在广场上创造了一个新的景观装饰，这种利用实用性的元素来作为场所设计的手法也经常在景观设计中被设计师运用。

213.德国魏尔维特拉家具博物馆 （摄影：屈　张）
The Lamps of LaVitra Furniture Museum in Weil, Germany

214.新加坡樟宜机场 （摄影：屈培青）
Singapore Changi Airport

215、216.西班牙室内灯具装饰 （摄影：屈培青）
The Spanish Indoor Decorative Lamps

217.某灯具装饰 （摄影：屈培青）
The Decorative Lamps

218.安徽古城岩民居灯饰 （摄影：屈培青）
The Decorative Lamps Traditional Dwellings, Anhui

219-221.新加坡某建筑大厅灯光 （摄影：屈培青）
Lights of a Commencial Building, Singapore

222-225.2010上海世博会某馆灯光效果 （摄影：屈培青）
Light Effect in Expo 2010

226、227.新加坡滨海湾金沙 （摄影：屈培青）
Marina Bay Sands, Singapore

同一元素在同一空间的不同时间内表现出不同的色彩特征。例如在建筑室内，设计师利用灯光这一元素的色彩、序列的规律变化，给建筑以多变的空间性格特征，丰富了使用者的空间感受。

建筑与构成　色彩构成（同一元素色彩构成）

228-234. 2010上海世博会石油馆（摄影：屈培青）
The Oil Pavilion of Expo 2010

　　色彩构成、光构成、立体构成——被我们所熟知的三大构成随科技的发展，被轻而易举地运用到同一座建筑的同一表皮上，上海世博会的石油馆，其立面的独有特征无疑成为了整个园区的一大亮点。

建筑与构成 COMPOSITION IN ARCHITECTURE

立体构成
CUBIC COMPOSITION

　　立体构成是建筑构成中范围最广、种类最多,最直观的部分。建筑为人服务,人需要空间,空间通过材料及肌理形成立体构成体块。立体构成手法很多,可以通过色彩立体构成、几何体立体构成、肌理立体构成、韵律立体构成整合和组合建筑体块。在这一篇章,我们将立体构成建筑按其性质、规模、肌理、材质、室内外、景观等分类,去解读不同的建筑适合用哪些手法去实现,找出一些基本规律,把握好建筑的比例尺度,以避免建筑师在建筑创作中盲目设计,找不到规律和共性的元素。

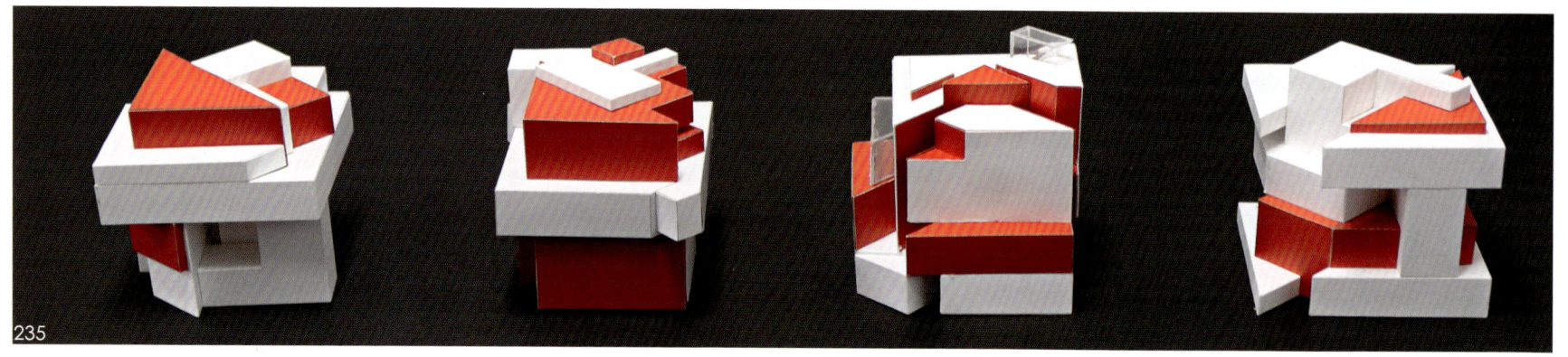

　　立方体构成是由一个立方体展开的构成设计，是建筑院校立体构成作业当中的经典命题。是让学生在规定尺寸的立方体内充分发挥想象力以及创造力，开阔创作思维，借用对比、韵律、对称、均衡等空间组合的构成手法，并利用色彩、体块以及肌理的变化来体会不同比例尺度所带来的不同感受，通过对立方体的加减法训练，不仅能使学生对空间的概念产生深刻的理解，而且也能够对审美能力的提升有很大的帮助。

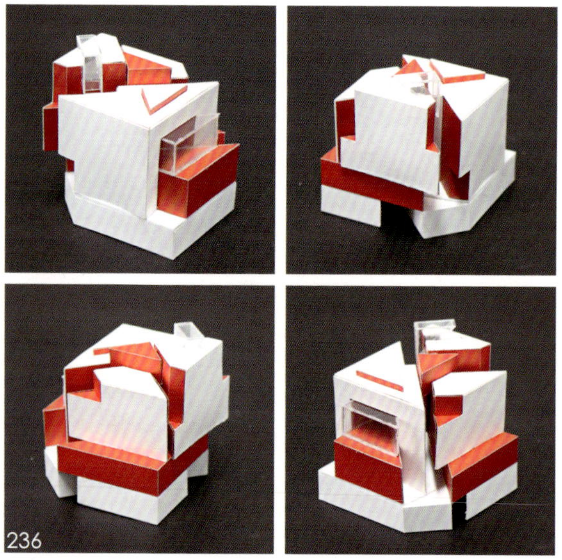

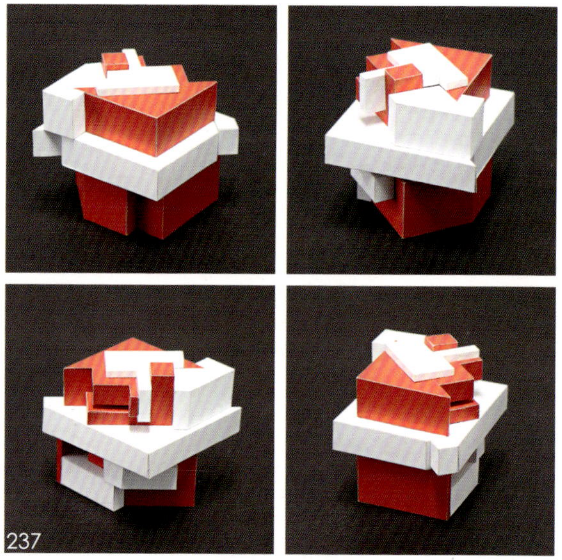

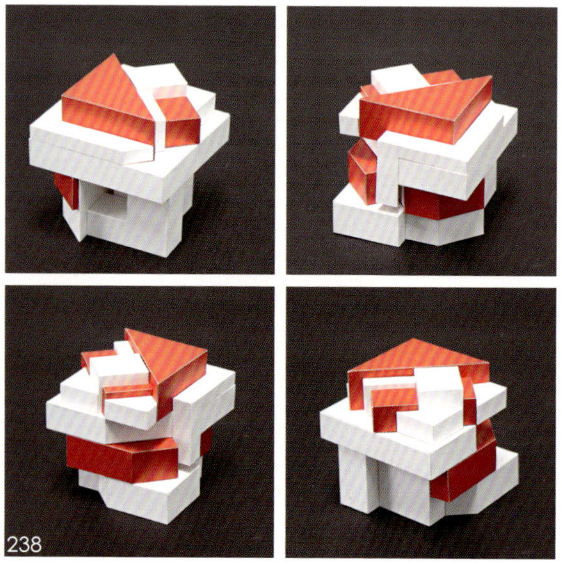

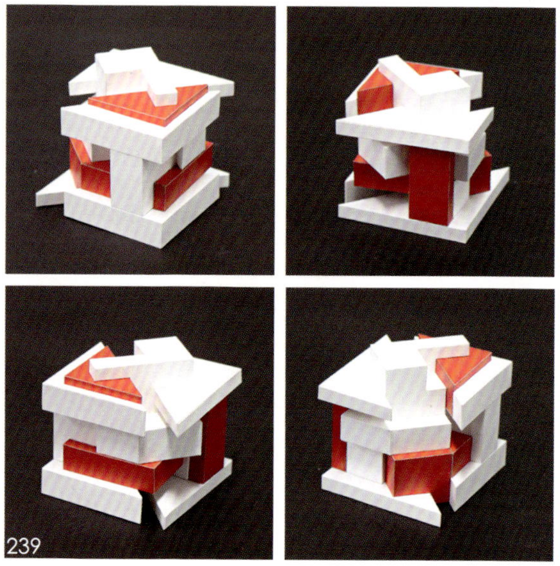

235-239.立方体构成（作者：高晨子）
Cubic Composition

240-246.立方体构成（作者：朱原野）
Cubic Composition

156　建筑与构成　立体构成（学生作业）

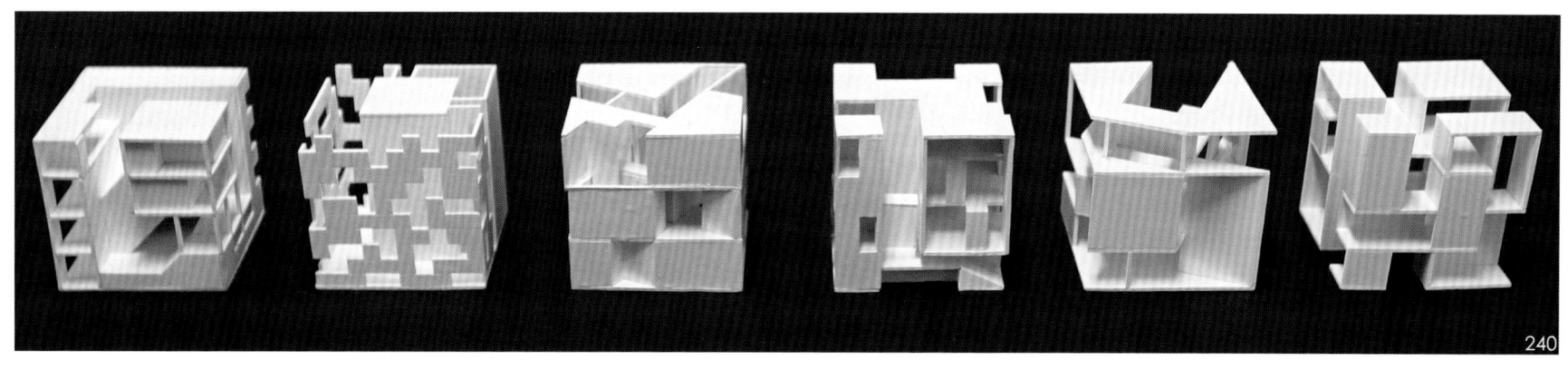

建筑与构成 立体构成（学生作业）

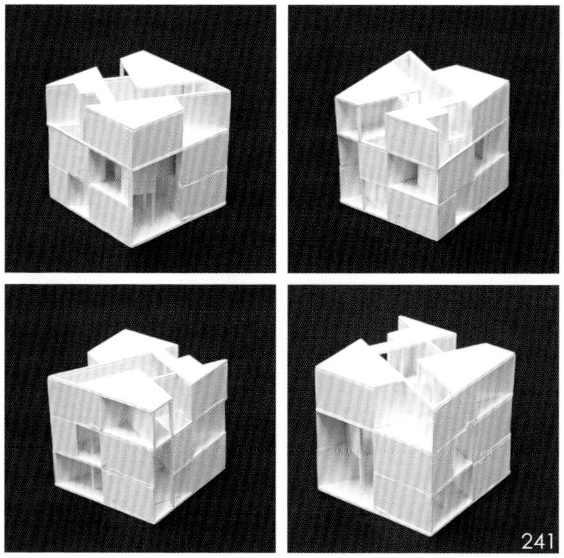

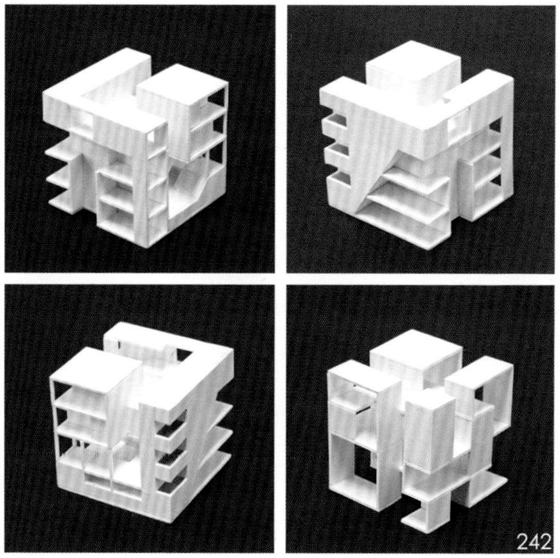

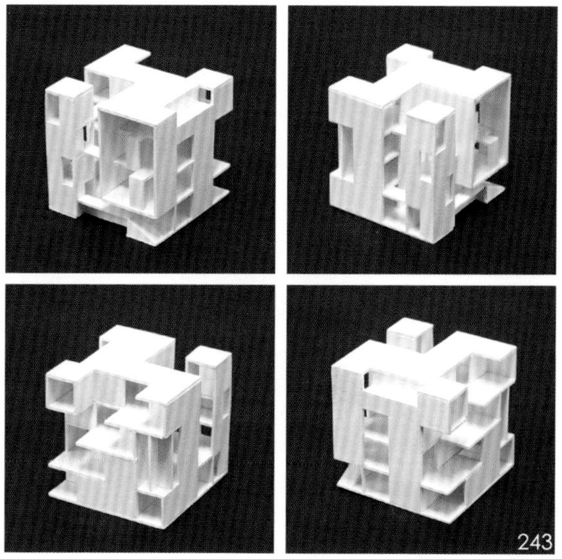

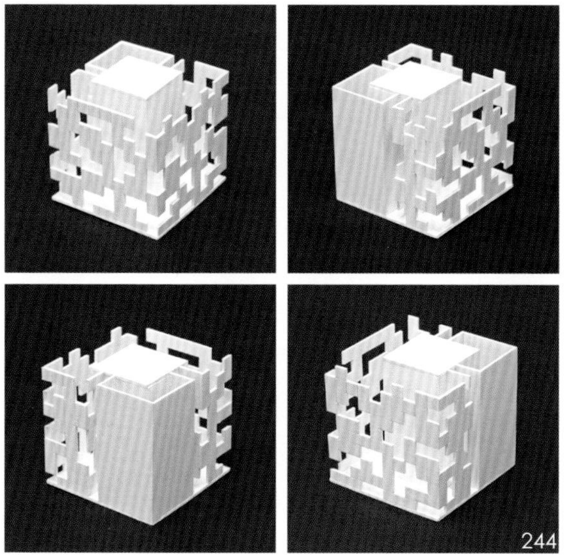

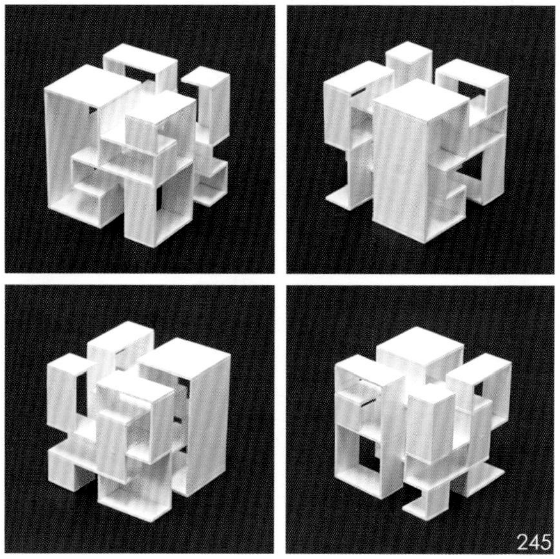

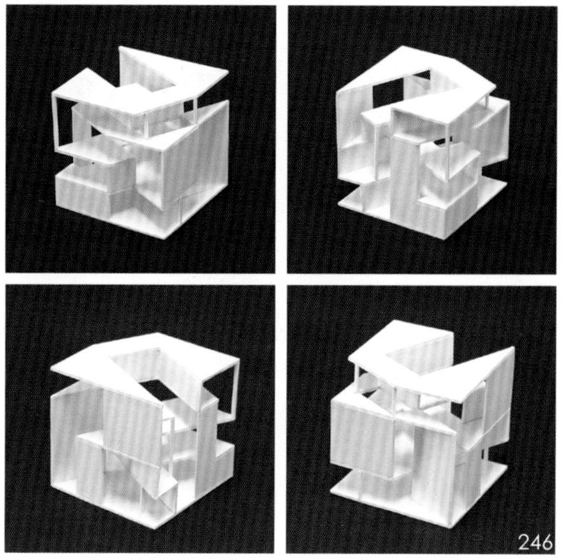

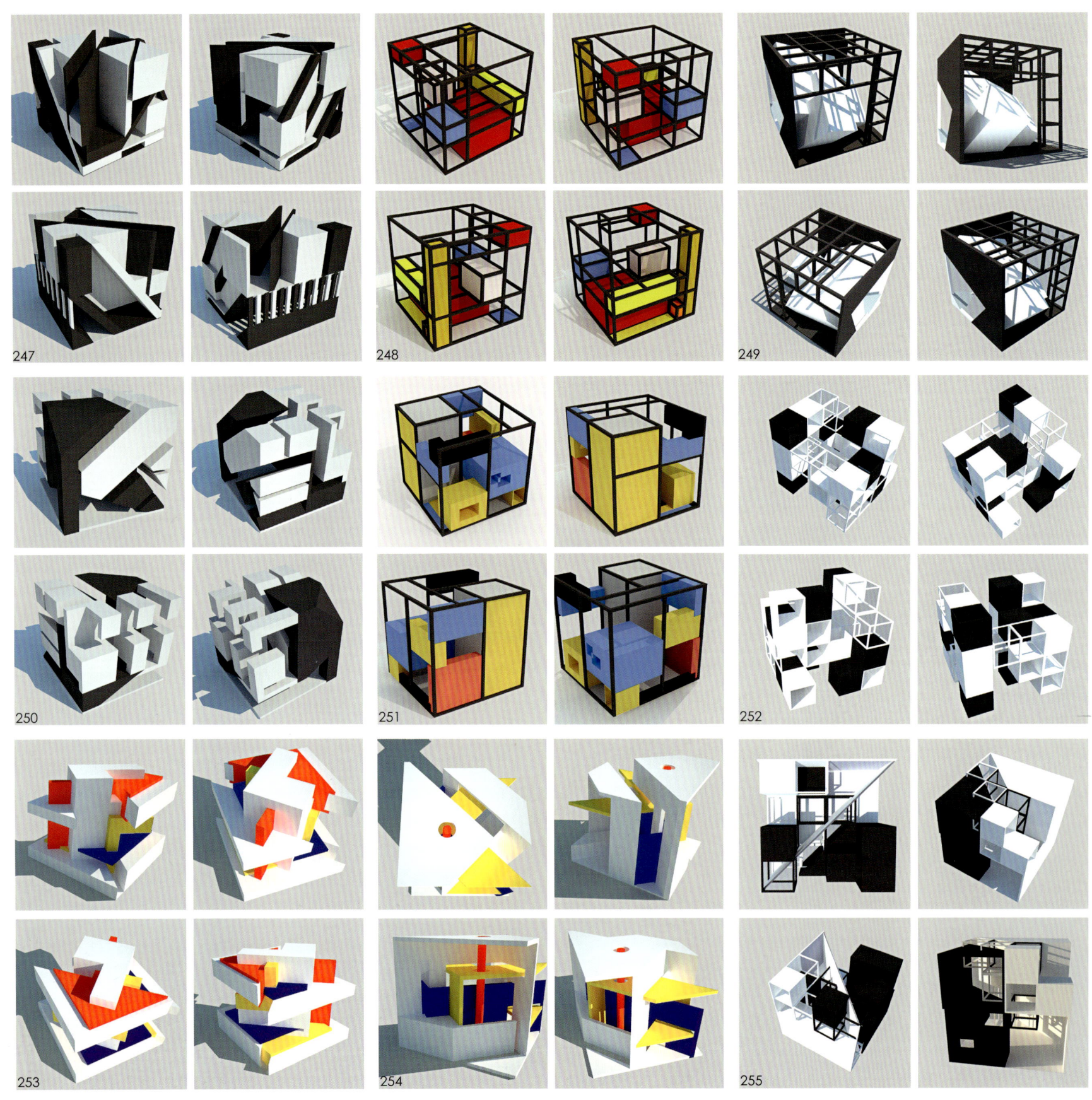

158　**建筑与构成**　立体构成（学生作业）

247	248	249	256
250	251	252	257
253	254	255	258

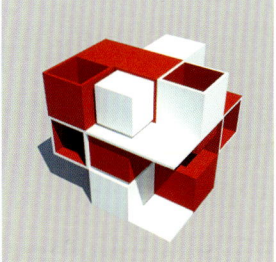
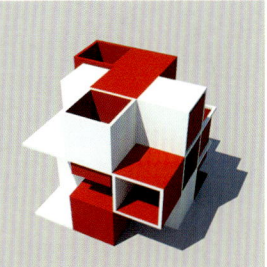

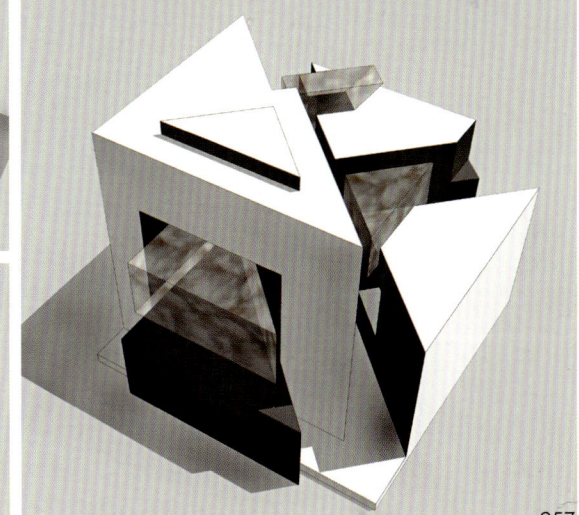

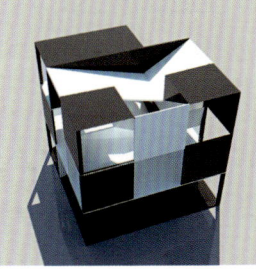

247、248.立方体构成——黑白体块切割组合
（作者：梁 辰）
Cubic Composition

249、250.立方体构成——杆件与色彩结合
（作者：许玉娇）
Cubic Composition

251、252.立方体构成——体块板块与色彩结合
（作者：吴 丹）
Cubic Composition

253-255.立方体构成——杆件与板面结合
（作者：张雪蕾）
Cubic Composition

256.立方体构成——红白板面结合
（作者：刘 婧）
Cubic Composition

257.立方体构成——不同材质对比
（作者：刘 汉）
Cubic Composition

258.立方体构成——黑白板面结合
（作者：刘 婧）
Cubic Composition

建筑与构成 立体构成（学生作业）

这一组构成是2010年于荷兰贝尔拉格建筑学院拍摄的，作业研究的是高密度住宅可能性。与一般体块模型不同的是，这个模型是由各组学生共同完成：第一组学生设计出底层，第二组学生根据对底层的理解，加入自己的想法构筑上层建筑，以此类推不断向上，最终形成几组不同形态和功能的建筑。（屈张）

259-270.贝尔拉格学院学生作业　　（资料提供：屈　张）
Berlage Institute Student Work

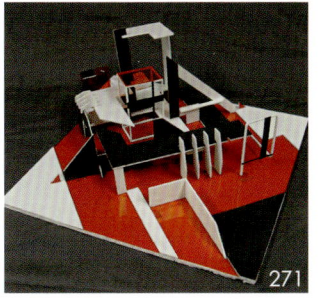

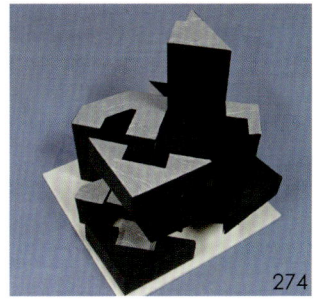

271. 学生作业——空间限定　　（作者：刘　汉）
Cubic Composition

272. 学生作业——空间限定　　（作者：刘　汉）
Cubic Composition

273. 学生作业——减法空间　　（作者：陈鹏宇）
Cubic Composition

274. 学生作业——减法空间　　（作者：陈鹏宇）
Cubic Composition

275. 学生作业——单元重复　　（作者：刘　鹏）
Cubic Composition

276. 变化的蒙特里安　　　　　（作者：石　媛）
Cubic Composition:Mondrian

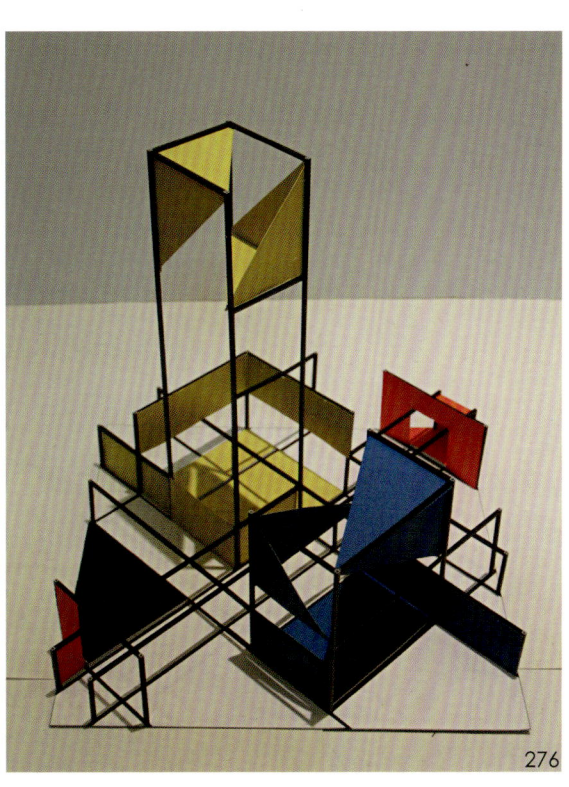

建筑与构成 立体构成（学生作业）　　161

直线运用于建筑立体构成当中往往具有较强的视觉冲击力,这一点在众多的中小型公建中得以运用,尺度不大却气质硬朗、简洁明快。

三角形立体体块形态活泼,适合用于会所、纪念馆等小型公共建筑造型设计中。

277-279. 德国魏尔维特拉消防站　　　　　　　　　（摄影：屈　张）
　　　　 Vitra Fire Station, Weil

280. 新加坡滨海湾金沙LV专卖店　　　　　　　　（摄影：屈培青）
　　　 Flagship Store of Louis Vuitton, Singapore

281. 新加坡吉宝湾映水苑会所　　　　　　　　　（摄影：屈培青）
　　　 Reflections at Keppel Bay, Singapore

282. 巴塞尔邵拉格博物馆　　　　　　　　　　　（摄影：王　敏）
　　　 Schaulager Museum, Basel

283-284. 世博园场馆中的立体构成　　　　　　　　（摄影：屈　张）
　　　　 Landscape in Expo2010, Shanghai

285-287. 山东泰山桃花峪游客中心　（资料提供：崔　恺　摄影：张广源）
　　　　 Tourist Service Center of Taohuayu in Mount Taishan

建筑与构成 立体构成（建筑立体构成） 163

288

289

290

291

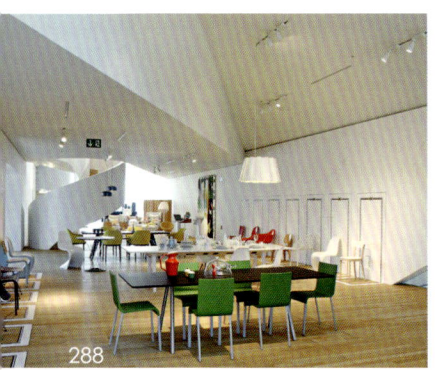

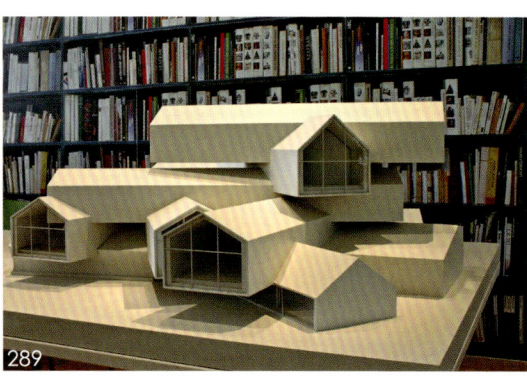

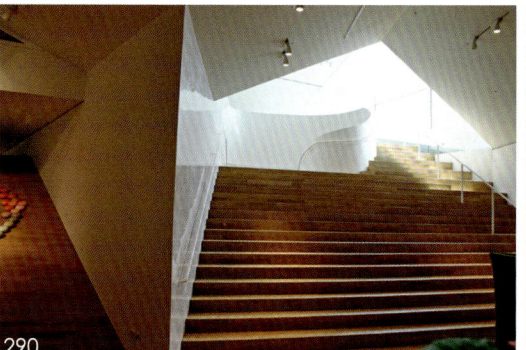

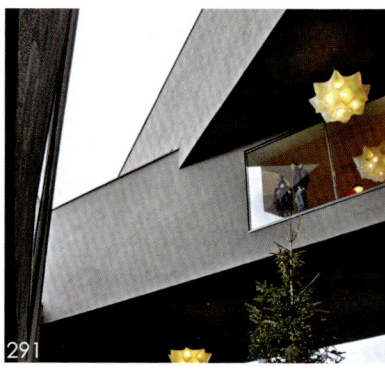

三角形体块既可作为纯粹的几何形态单独使用，也可相互穿插咬接，塑造出关系丰富的外观和趣味十足的内部空间。

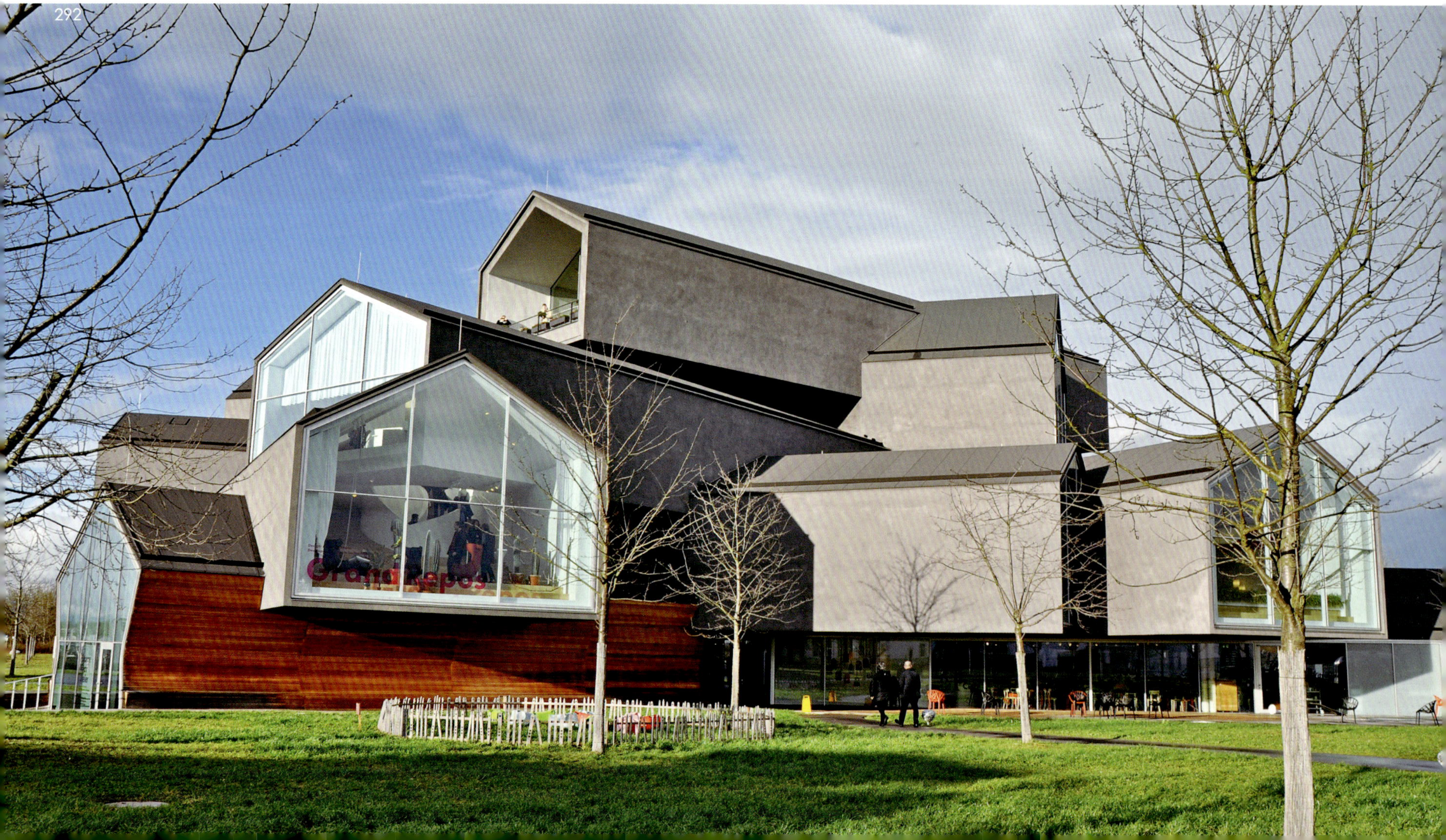
292

288-292. 德国魏尔维特拉家具展厅
（摄影：屈 张 王 敏）
Vitra Furniture Pavilion in Weil, Germany

293. 浙江诸暨美丽洲教堂
（摄影：屈培青）
Church Meilizhou, Zhuji

294. 某小型建筑
（资料提供：北京宝贵石）
A Small Building

295. 巴塞尔邵拉格博物馆
（摄影：王 敏）
Schaulager Museum, Basel

296. 纽伦堡城市档案馆
（摄影：王 敏）
Urban Archive of Nurnberg

297. 柏林汉堡美术馆
（摄影：王 敏）
Hamburg Art Museum, Berlin

建筑与构成 立体构成（建筑立体构成） 165

自由体块的立体构成富有张力和表现力，能够抓住人们的眼球。这类立体构成手法常用于艺术博物馆、艺术展览馆、会所建筑等中型建筑物中。

在一些建筑入口支承体系中，直线几何形态的使用可以传达出简洁有力的感觉。这类直线立体构成使结构构件自身的美感展现出来。

298-300.维特拉设计博物馆　　　（摄影：屈　张　王　敏）
　　　　Vitra Design Museum, Weil

301-303.维特拉展示与工作室　　　　（摄影：王　敏）
　　　　Vitra Studio, Weil

304-309."V"形构件支撑式的建筑立体构成一组
　　　　　　　　　　　　　（摄影：屈培青　王　敏）
　　　　A Series of Architecture Works by Using "V" Shaped Supporting Construction

建筑与构成　立体构成（建筑立体构成）　167

纯立方体的立体构成稳重扎实，适合用于文化类建筑、学校教学楼等建筑类型，简洁大气。

310.三亚某酒店　　　（摄影：屈培青）
A Hotel,Sanya

311-313.美国耶鲁大学建筑系馆
　　　　　　　　　　（摄影：屈　张）
The Rudolf Hall (Architectural Department) in Yale University, USA

314.浙江诸暨美丽洲教堂（摄影：屈培青）
Meilichou Church,Chuji

315、316.三亚某酒店　（摄影：屈培青）
A Hotel,Sanya

317.华侨大学大门　　　（摄影：屈培青）
The Gate of Huaqiao University

318.四川成都曼哈顿小区会所
　　　　　　　　　　（摄影：屈培青）
Club House of Manhattan Community,Chengdu

建筑与构成　立体构成（建筑立体构成）

将一些纯粹的几何体块加以穿插叠积的拼合、韵律化的组织和巧妙的扭转，都可以成为非常精妙的设计构想。

立方体的立体构成结合明快的黄色加以色彩提亮，使建筑体块的立体感更加彰显，表达更加生动活跃。

319-321. 荷兰鹿特丹方形住宅　　（摄影：屈　张）
Cube Houses, Rotterdam

322. 德国居住建筑　　（摄影：王　敏）
Dwelling House, Germany

323. 新加坡吉宝湾映水苑　　（摄影：屈培青）
Reflections at Keppel Bay, Singapore

324-326. 斯图加特保时捷汽车博物馆　　（摄影：王　敏）
Porsche Automobile Museum, Stuttgart

建筑与构成　立体构成（建筑立体构成）

327

328

329 330

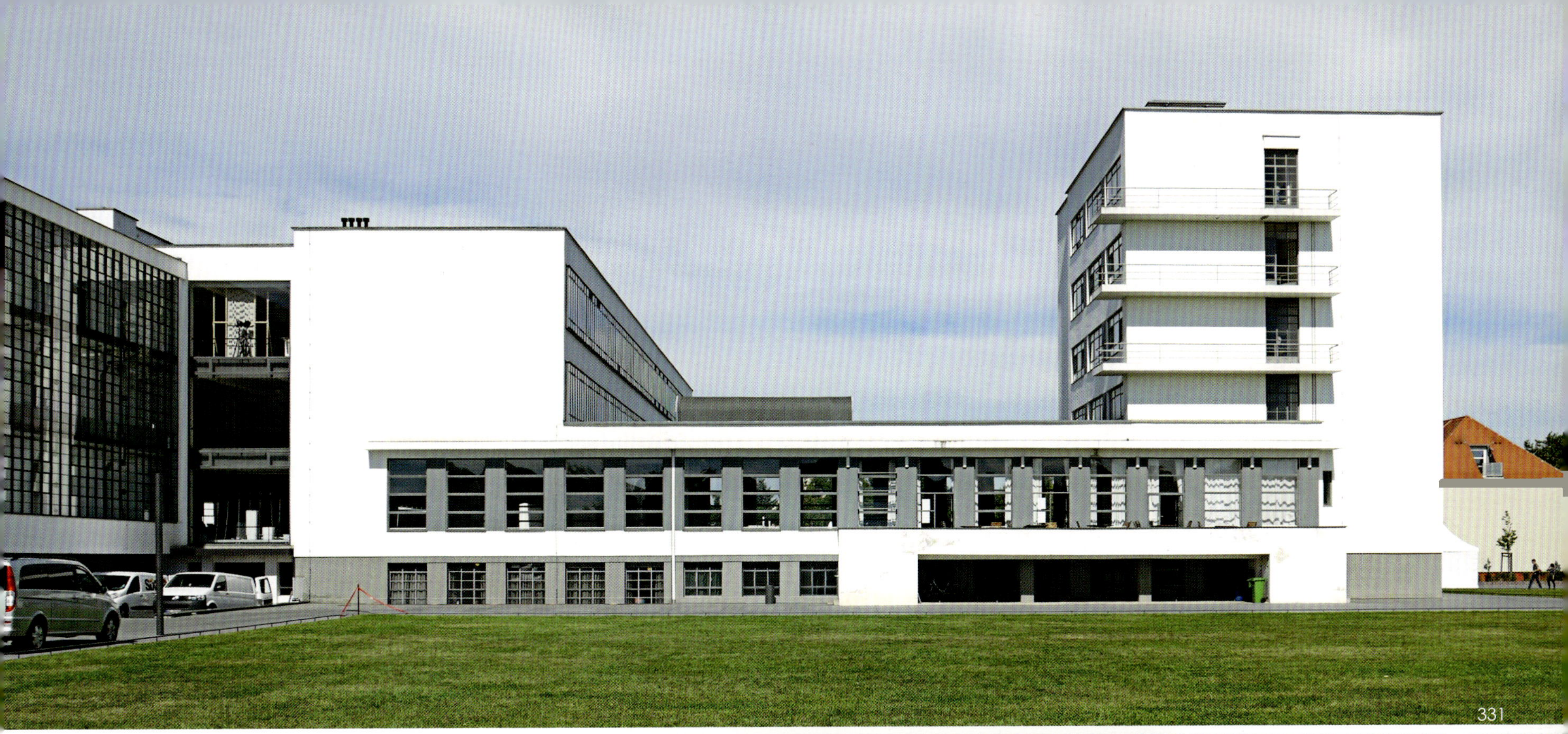

331

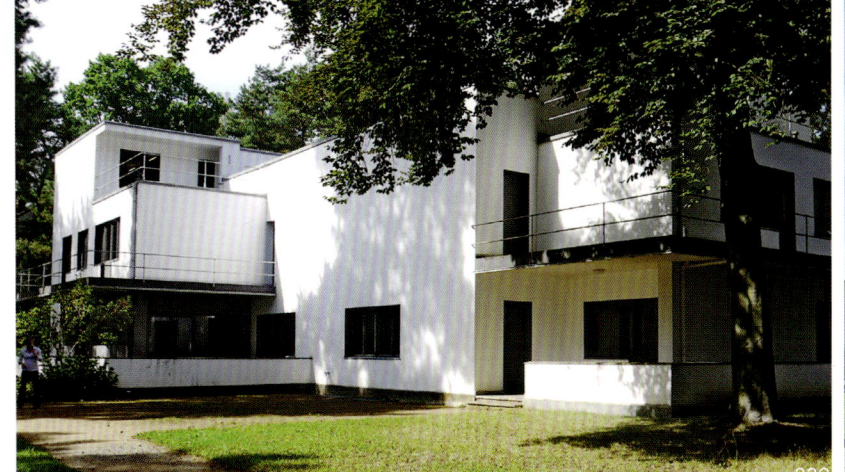

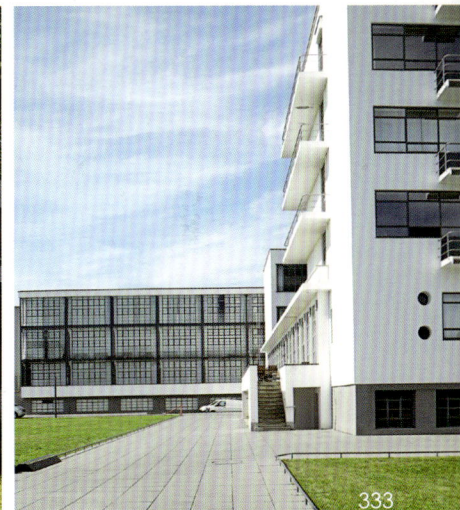

简洁的几何体块配合干净、通透的玻璃材质，能够彰显建筑物的现代感，大气轻盈的同时使得直线体块更为纯粹。

332

333

327-329.亚琛 慕尼黑总部 （摄影：王　敏）
Munich Headquarters,Aachen

330.德国 埃森矿业同盟博物馆 （摄影：屈　张）
Zollverein Museum,Essen

331-333.德绍 包豪斯校舍 （摄影：屈　张）
Bauhaus Building,Dessau

334.慕尼黑 人民中学学校建筑 （摄影：王　敏）
Volkshochschule,Munich

335.巴塞尔 赫尔佐格与德梅隆工作室（摄影：王　敏）
Studio of Herzog & De Meuron,Basel

334

335

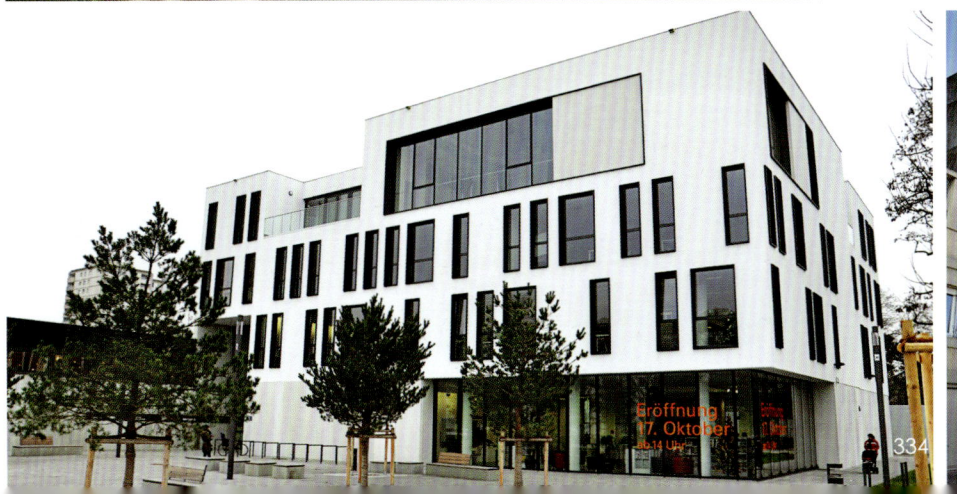

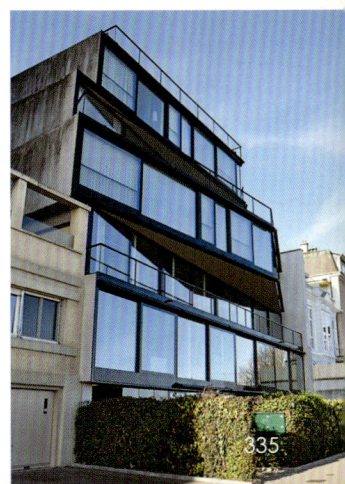

336-339.西班牙巴塞罗那世博会德国馆
（摄影：屈培青　常小勇）
German Pavilion of Barcelona Expo

340-343.贾平凹文学艺术馆
（设计：屈培青　李大为　阎　飞　张恒岩）
Literature Museum for Jia Pingwa

板块形直线立体构成轻盈舒展，富有张力，板块交接之处的构造设计及表达使建筑作品更加精致。

建筑与构成 立体构成（建筑立体构成）

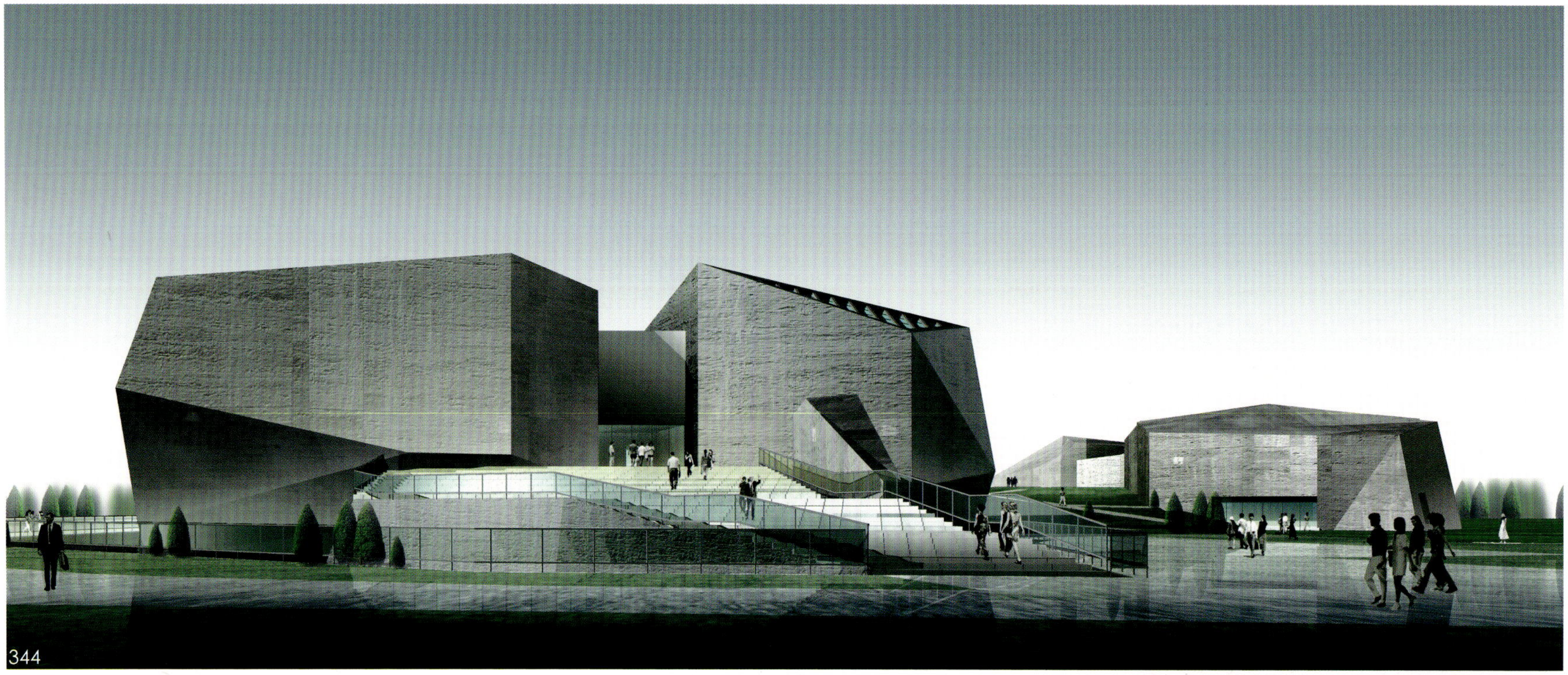

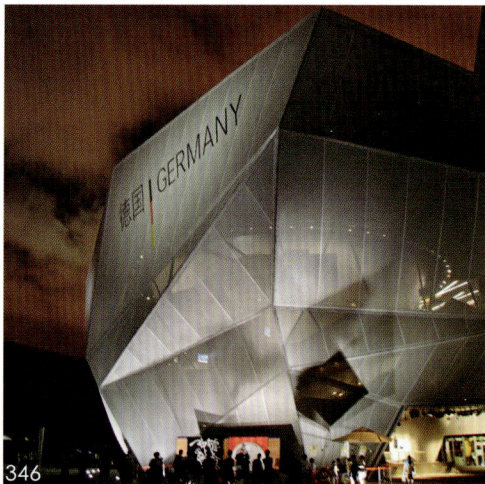

相对于中小型建筑对纯直线构图的青睐，大型公建往往更适于使用折线元素来打破大尺度带来的单调感，使得建筑被赋予一种律动，整个建筑的体态趋于一种动态的美感。

344、345.西安兵器博物馆
（设计：屈培青　窦　勇　李大为　阎　飞）
Xi'an Armoury Museum

346、347.上海世博会德国馆　　　　（摄影：屈　张）
Germany Pavilion in Expo, Shanghai

348-350.西班牙巴塞罗那2004文化论坛会址
（摄影：屈培青）
2004 Cultural Forum of Barcelona, Spain

351、352.美国纽约库珀联盟学院　　（摄影：屈　张）
Cooper Union, New York

178 　**建筑与构成**　立体构成（建筑立体构成）

353. 丰县汉祖陵祭祀大殿（设计：屈培青、徐健生）
    Hanzuling Sacrifice Temple
354. 长春烈士纪念馆　　　　　（摄影：宝贵石）
    Changchun Patriot Memorial
355. 河北邯郸赵王城博物馆　　（摄影：宝贵石）
    Zhaowang City Museum, Hebei
356. 法国巴黎卢浮宫入口　　　（摄影：王　敏）
    Entrance of Museum Louvre, Paris
357. 上海世博会中国馆　　　　（摄影：屈　张）
    China Pavilion in Expo, Shanghai
358. 孟良崮战役纪念馆　　　　（摄影：宝贵石）
    Memorial Hall of Battle Mengliangu
359. 北京首都博物馆　　　　　（摄影：屈培青）
    Capital Museum in Beijing

建筑与构成　立体构成（建筑立体构成）　179

360. 巴黎德方斯商业开发区 （摄影：王 敏）
La Defense,Paris

361. 广州农村商业银行 （摄影：屈培青）
Rural Business Bank of Guangzhou

362. 巴黎德方斯商业开发区 （摄影：王 敏）
La Defense,Paris

大型建筑的造型设计可采用曲线立体构成的手法。曲线具有温柔、活跃、轻巧的感觉，赋予建筑以戏剧性和震撼力，充分展现了建筑形体的连续性，富有流动感。

363.新加坡某商业建筑（摄影：屈培青）
　　ION,Singapore
364.德国柏林 国会大厦（摄影：屈　张）
　　Reichstag,Berlin

建筑与构成　立体构成（曲线立体构成）　181

182　建筑与构成　立体构成（曲线立体构成）

365、366.北京 银河SOHO　　　　　　（摄影：屈培青）
Galaxy SOHO,Beijing

367、368.浙江 杭州国际会议中心　　（摄影：屈培青）
Hangzhou International Conference Center

369.内蒙古 鄂尔多斯博物馆　　　　（摄影：屈培青）
Erdos Museum

370.广东 广州大剧院　　　　　　　（摄影：屈培青）
Guangzhou Grand Theatre

371、372.新加坡 滨海湾花园　　　　（摄影：屈培青）
Gardens by the Bay,Singapore

建筑与构成　立体构成（曲线立体构成）　183

373. 内蒙古 鄂尔多斯东胜体育场 （资料提供：北京宝贵石）
Erdos Dongsheng Stadium

374. 上海 世博会演艺中心 （资料提供：汪孝安）
Performance Center of Expo2010,Shanghai

375. 上海 世博会沙特馆 （摄影：屈 张）
Saudi Arabia Pavilion of Expo2010,Shanghai

376. 美国 纽约古根海姆博物馆 （摄影：屈 张）
Guggenheim Museum,New York

377. 美国 某建筑细部 （摄影：韩 熙）
An American Architectural Detail

378. 美国 美洲印第安人博物馆 （摄影：韩 熙）
National Museum of the American Indian

379. 德国慕尼黑-宝马世界 （摄影：王 敏）
BMW Welt,Munich

184　**建筑与构成**　立体构成（曲线立体构成）

建筑与构成 立体构成（曲线立体构成）

380、381.新加坡 金沙艺术科学博物馆　（摄影：屈培青）
Art & Science Museum,Singapore

382.德国曼海姆 莱斯-英格霍恩博物馆　（摄影：王　敏）
Reiss-Engelhorn Museum,Mannheim

383.新加坡 怡丰城　　　　　　　　　（摄影：屈培青）
Vivo City,Singapore

384-386.西班牙 毕尔巴鄂古根海姆博物馆（摄影：王　敏）
Guggenheim Museum,Bilbao

186　**建筑与构成**　立体构成（曲线立体构成）

384

ART EN
UERRE
istoriaren istorioak
istorias de la Historia
tories of History

385

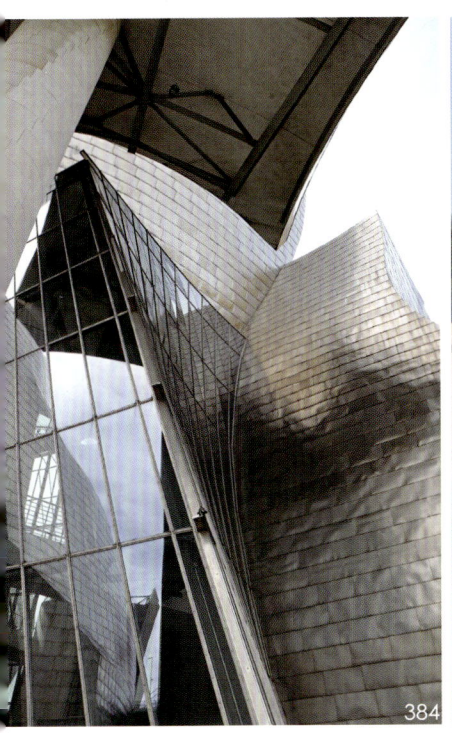

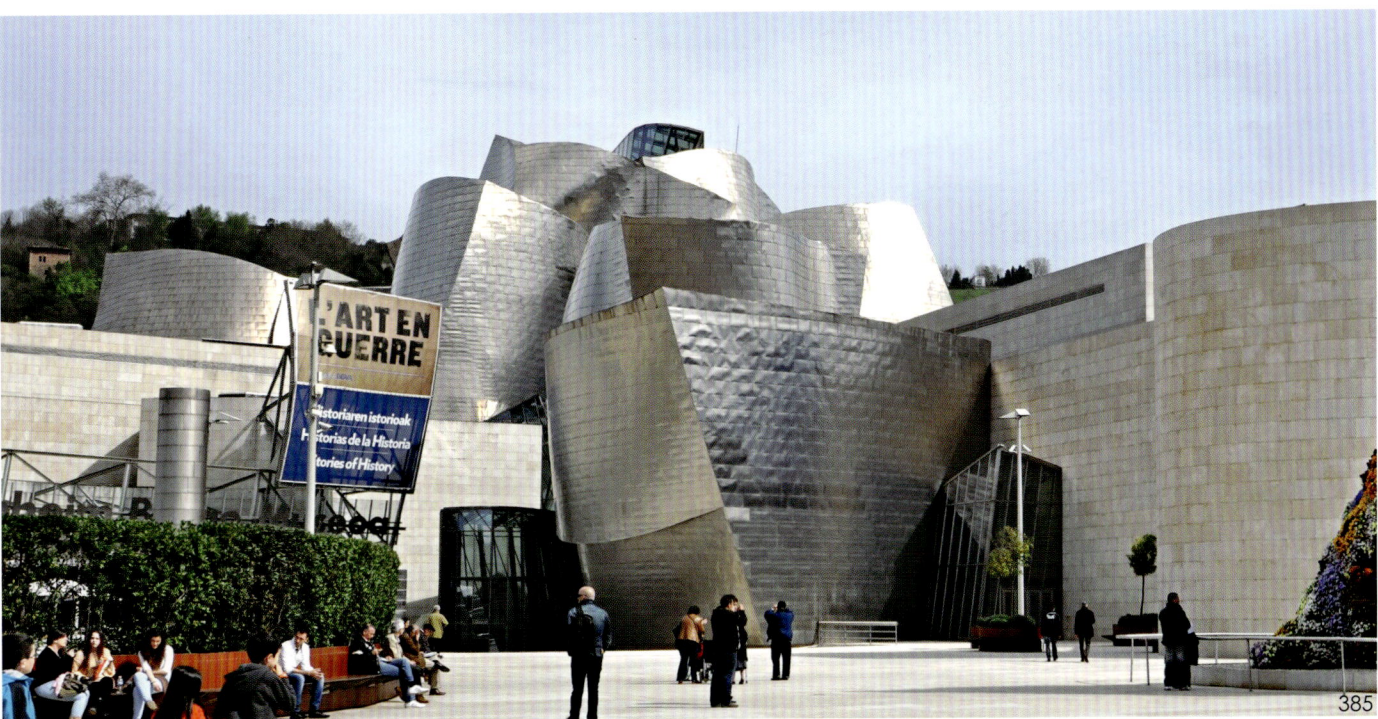

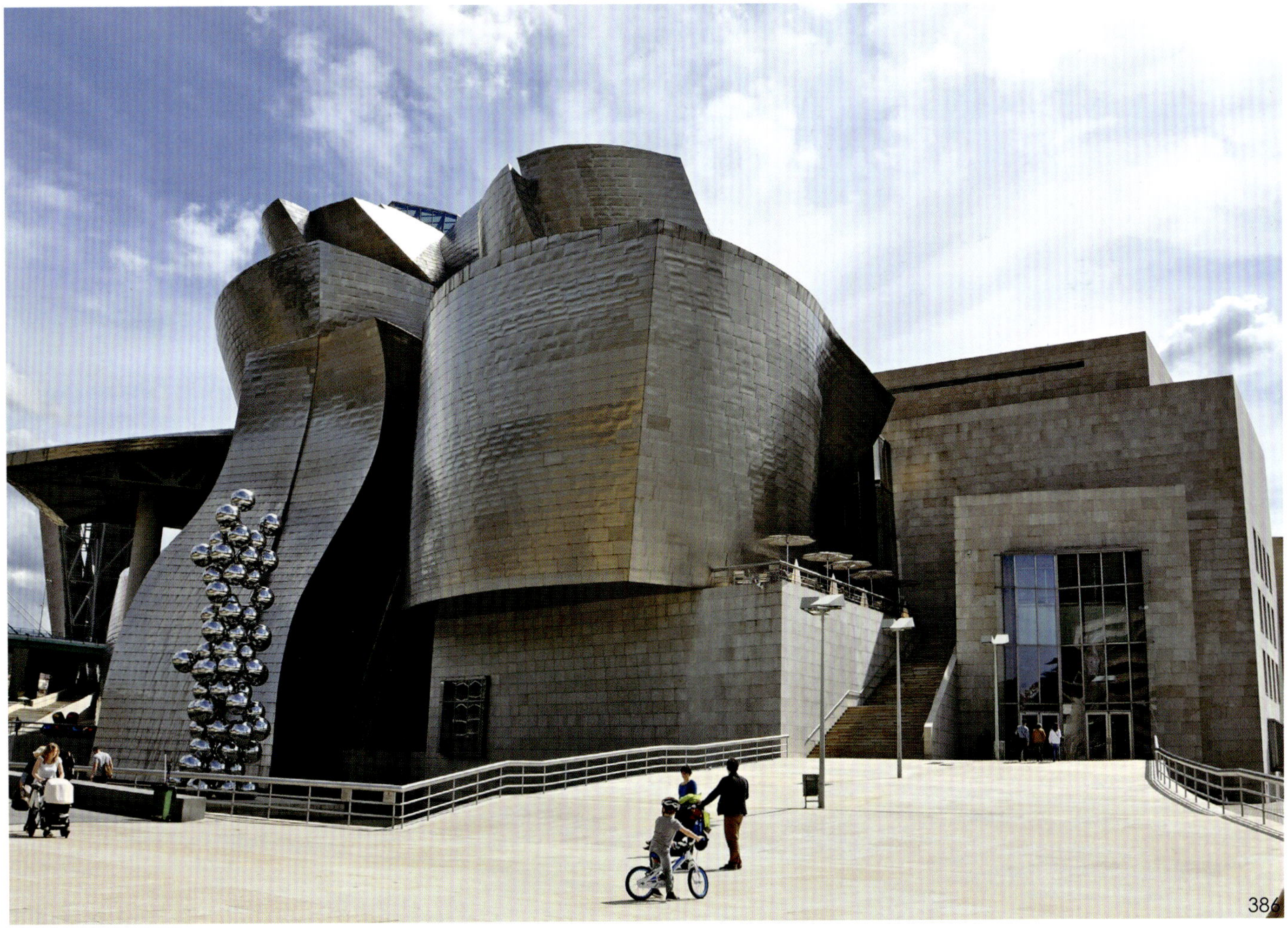

386

387-389. 西班牙巴塞罗那 米拉公寓 （摄影：屈培青）
Casa Milà, Barcelona

390. 新加坡 亨德森波浪桥 （摄影：屈 张）
Henderson Waves Bridge, Singapore

391. 新加坡 滨海湾金沙 （摄影：屈培青）
Marina Bay Sands, Singapore

392、393. 英国曼彻斯特 帝国战争博物馆 （摄影：屈培青）
Imperial War Museum, Manchester

建筑与构成　立体构成（曲线立体构成）

建筑与构成　立体构成（曲线立体构成）　189

190　**建筑与构成**　立体构成（曲线立体构成）

与简单明了的直线相比，曲线表现出更大的复杂性。对于大体量的大型公共建筑来说，曲面的塑造宜采用较舒缓的平曲线，尽量回避半径小的急转曲线，从而避免形体过大带来的压迫感，使建筑形体舒展大气，简洁流畅，也使得建筑更具生命力和亲和力。

394.浙江杭州大剧院　　　　　（摄影：屈培青）
　　Hangzhou Grand Theatre
395.德国慕尼黑 宝马世界　　　（摄影：姜　宁）
　　BMW Welt,Munich
396、397.德国慕尼黑 宝马世界　（摄影：王　敏）
　　BMW Welt,Munich
398.中国西安 索菲特大酒店
　　　　　　　　　　　（设计：屈培青、张超文）
　　Sofitel Hotel,Xi'an
399.新加坡 滨海湾金沙　　　　（摄影：屈培青）
　　Marina Bay Sands,Singapore

建筑与构成　立体构成（曲线立体构成）　　191

400、401.斯图加特梅赛德斯 奔驰博物馆
（摄影：王　敏）
Mercedes-Benz Museum, Stuttgart

402.德国慕尼黑 宝马世界（摄影：王　敏）
BMW Welt, Munich

403.西班牙 巴塞罗那水务大厦
（摄影：姜　宁）
Torre Agbar, Barcelona

404.伦敦 瑞士再保险塔 （摄影：姜　宁）
Swiss Re-insurance Headquarters, London

405.MODE学园螺旋塔楼
（摄影：姜　宁）
MODE Gakuen Spiral Tower

建筑与构成　立体构成（曲线立体构成）　193

不同的曲线及其组合方法能够赋予建筑空间不同的个性。对于小型建筑形体而言，采用自由活泼的曲线形式，如圆形、椭圆、抛物线、"C"形曲线、波浪线等，可以塑造出不受空间约束、兼具轻灵与流动的建筑造型，增强建筑形象的感染力。

406.德国 德绍包豪斯　　　　　　　　　（摄影：王　敏）
The Bauhaus,Dessau

407.美国 纽约新阿姆斯特丹亭　　　　　（摄影：屈　张）
The New Amsterdam Pavilion,New York

408.荷兰 阿姆斯特丹建筑中心　　　　　（摄影：屈　张）
ARCAM,Amsterdam

409、410.西班牙巴塞罗那 米罗美术馆　（摄影：屈培青）
Miro Art Museum,Barcelona

411.美国纽约斯塔滕岛 9.11纪念碑　　　（摄影：屈　张）
The 9/11 Postcard Memorial,New York

412.西班牙 巴塞罗那聚光塔　　　　　　（摄影：屈培青）
Barcelona Condenser Tower

413.巴塞尔街边某建筑旋转楼梯　　　　（摄影：王　敏）
Spiral staircase of a building in Basel Street

414.三亚 半山半岛洲际度假酒店　　　　（摄影：屈培青）
InterContinental Sanya Resort,Sanya

415、416.巴塞罗那 米拉之家　　　　　（摄影：王　敏）
Casa Milà,Barcelona

417.柏林 德国历史博物馆　　　　　　　（摄影：屈　张）
Deutsches Historisches Museum,Berlin

194　**建筑与构成**　立体构成（曲线立体构成）

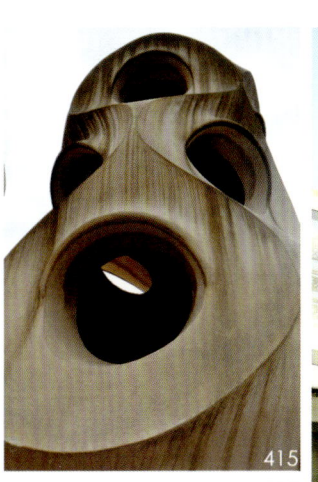

建筑与构成　立体构成（曲线立体构成）

418.北京大学光华学院 （摄影：屈培青）
Guanghua School, Peking University

419.美国纽约现代艺术博物馆 （摄影：屈 张）
Museum of Modern Art, New York

420.德国斯图加特艺术博物馆 （摄影：王 敏）
Stuttgart Art Museum

421.上海霍普建筑事务所室内楼梯 （摄影：屈培青）
Hyp-arch, Shanghai

422.德国魏尔-维特拉家具展厅 （摄影：屈 张）
Vitra Furniture Pavilion in Weil, Germany

423.西安皇冠假日酒店大堂 （摄影：成 社）
Lobby of Crowne Plaza, Xi'an

424-426.中国美院象山校区 （摄影：屈培青）
China Academy of Art, Ningbo

建筑与构成　立体构成（室内立体构成）　197

427. 北京 银河SOHO　　　　（摄影：郭　辉）
　　　Galaxy Soho, Beijing

428. 中央美院　　　　　　　（摄影：屈　张）
　　　CAFA, Beijing

429. 杭州萧山机场T3航站楼（摄影：屈培青）
　　　Hangzhou International Airport

430. 新加坡 滨海湾金沙　　（摄影：屈　张）
　　　Marina Bay Sands, Singapore

建筑与构成　立体构成（室内立体构成）

景观中的艺术作品同其他的艺术形式相比，更加注重公共的交流、互动，注意"社会精神"的体现，将艺术与自然、社会融为一体，将艺术拉进大众化之中，通过雕塑、壁画、装置以及公共设施等艺术形式来表现大众的需求和生活状态。所以，从某种意义上来说，室外景观小品就是我们所说的公共艺术品。

景观立体构成也就是景观小品，它是景观中的点睛之笔，一般体量较小、色彩单纯，对空间起点缀作用。景观小品既具有实用功能，又具有精神功能。如图431-433，在观赏景色的绝佳点上设置类似的功能小品，形成一定的虚空间，使游客在休息的时候获得更多的视觉享受。如图434-437，根据不同的环境用不同的材质做成的"景框"小品，使开阔的广场上多了一种灵动、亲切的氛围。

431

432

433

431. 埃及某景观小品　　　　　　　　（摄影：李大为）
    Landscape, Egypt
432. 德国魏尔　维特拉家具博物馆　　（摄影：屈　张）
    Vitra Furniture Pavilion in Weil, Germany
433. 上海豪华精选酒店屋顶花园　　　（摄影：屈培青）
    Luxury Collection Hotel, Shanghai
434. 斯图加特街边雕塑　　　　　　　（摄影：王　敏）
    Street Sculpture, Stuttgart
435. 荷兰鹿特丹市政厅　　　　　　　（摄影：屈　张）
    Rotterdam City Hall
436. 意大利威尼斯　古根海姆博物馆　（摄影：屈　张）
    Guggenheim Museum, Venice
437. 德国柏林O₂世界　　　　　　　　（摄影：屈　张）
    O₂ World, Berlin

434

435

436

437

438. 根津美术馆　　　　　　　（摄影：张　珂）
Nezu-museum

439、440. 美国纽约 高线公园　（摄影：屈　张）
High Line Park, New York

441. 美国纽约 纽约大学哲学系馆（摄影：屈　张）
Department of Philosophy,
New York University

442. 美国纽约 高线公园　　　（摄影：屈　张）
High Line Park, New York

443. 西班牙街边小品　　　　（摄影：屈培青）
Landscape, Spain

444. 韩国街边小品　　　　　（摄影：常小勇）
Landscape, Korea

图439-440 是美国纽约市的高线公园内，由点、线、体组合而成了麻雀的栖居场所，其完美体现了景观立体构成与生态环境的融合，使观者在欣赏之余，受到启发进而反思人类对环境的破坏，唤醒人们对自然的关怀。

座椅是景观环境中最常见的室外家具种类，为游人提供休息和交流，如图438、图441-444。座椅的形态有直线构成的，造型简洁，给人一种稳定的平衡感；有曲线构成的，流畅生动，取得变化多样的艺术效果；有直线和曲线组合构成的，富有对比变化，别有神韵。

建筑与构成 立体构成（景观立体构成）

石头的美学文化历史悠久，底蕴深厚。能给人以视觉快感，引发美的启悟和联想，具有一定观赏价值、装饰价值。

创造者（作者）借助天然石头为载体，运用各种艺术手段，经人工设计、加工制作成石制装饰、装置，在石艺作品中抒发情感、诠释美、记录美、制造美，赋予了石头"生命与内涵"，石头被人格化、人文化。石艺作品直接寄托反映着作者的创作意图、审美情趣、审美观念、人生态度和价值取向。

445-449.罗马机场雕塑
（摄影：屈培青）
Sculptures in Rome Airport

450.意大利米兰某雕塑
（摄影：屈培青）
Sculpture in Milan

451.荷兰建筑师协会美术馆
（摄影：屈　张）
Art Museum of Netherland Architects Association

202　**建筑与构成**　立体构成（景观立体构成）

452.沈阳9·18事变纪念碑　　　（摄影：高　伟）
9/18 Incident Monument, Shenyang

453-455.西班牙巴塞罗那广场雕塑　（摄影：屈培青）
Square Sculpture, Barcelona

建筑与构成　立体构成（景观立体构成）

456. 慕尼黑 五个院子商场内部 （摄影：王 敏）
Five Courtyards Mall, Munich

457. 斯图加特街边雕塑 （摄影：王 敏）
Street Sculture, Stuttgart

458. 美国纽约 街头景观 （摄影：屈 张）
Street Landscape, New York

459. 德国杜塞尔多夫街头雕塑 （摄影：屈 张）
Street Sculpture, Dusseldorf

460. 美国某雕塑 （摄影：屈 张）
Sculpture, USA

461. 德国柏林中央车站 （摄影：屈 张）
Central Station, Berlin

在雕塑艺术中以各类金属材质制成的雕塑艺术品占的比重最大。金属材质的天然属性，为金属雕塑提供多方位的施展空间，亦为雕塑艺术铸造了永恒和不朽的品格。现代金属艺术较注重材质自身的美感价值，并赋予其更加丰富的精神与审美的内涵，扩展了金属材质的表现力和感染力。

462

465

466

467

463 / 464

468

462-464、468. 西班牙某雕塑 （摄影：屈培青）
Sculpture, Spain

465. 上海同济大学建筑学院室内雕塑 （摄影：屈 张）
Indoor Sculpture CAUP, Tongji University

466. 德国柏林北部使馆区 （摄影：屈 张）
Nordic Embassy District, Berlin

467. 美国波士顿-MIT校内雕塑 （摄影：屈 张）
Campus Sculpture in MIT, Boston

建筑与构成 立体构成（景观立体构成） 205

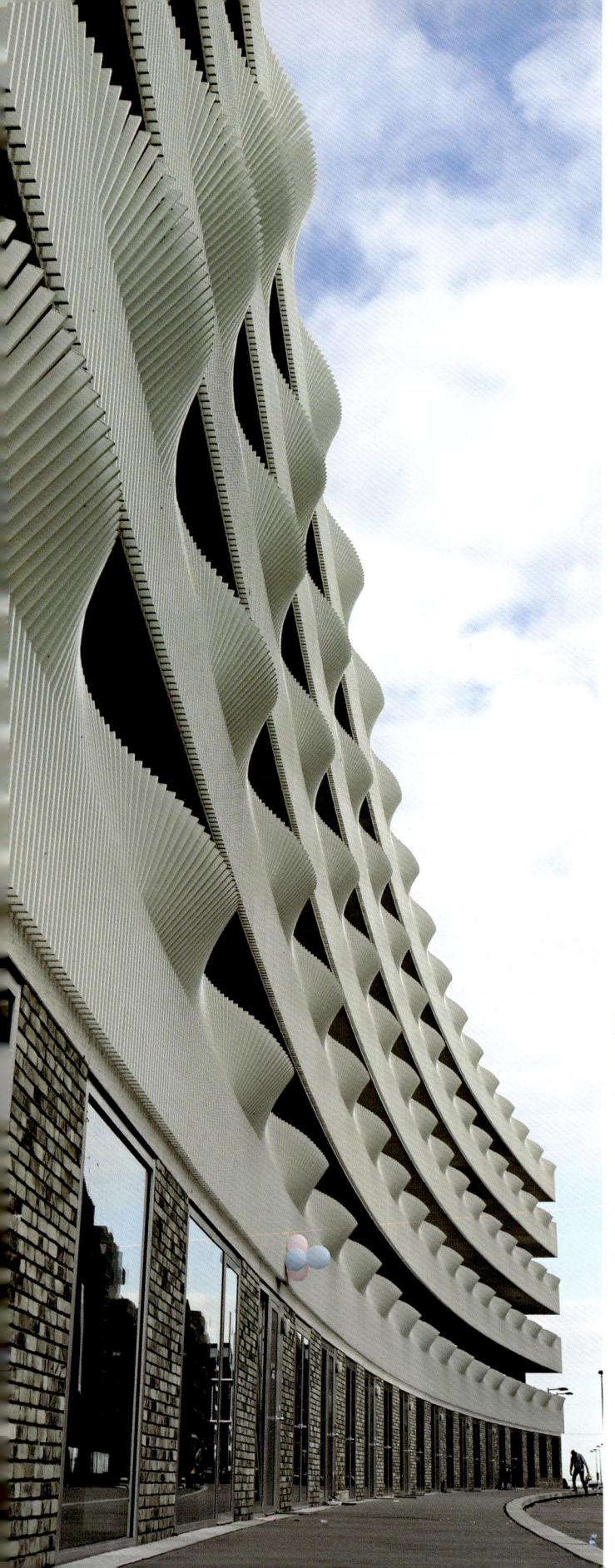

建筑与构成 COMPOSITION IN ARCHITECTURE

肌理构成
TEXTURE COMPOSITION

　　建筑师对肌理构成的运用，可通过材料的不同排列、组合和构造而得到多变的触觉质感和视觉触感，将建筑立面与建筑结构、建筑技术有效结合，形成具有艺术表现力的建筑。

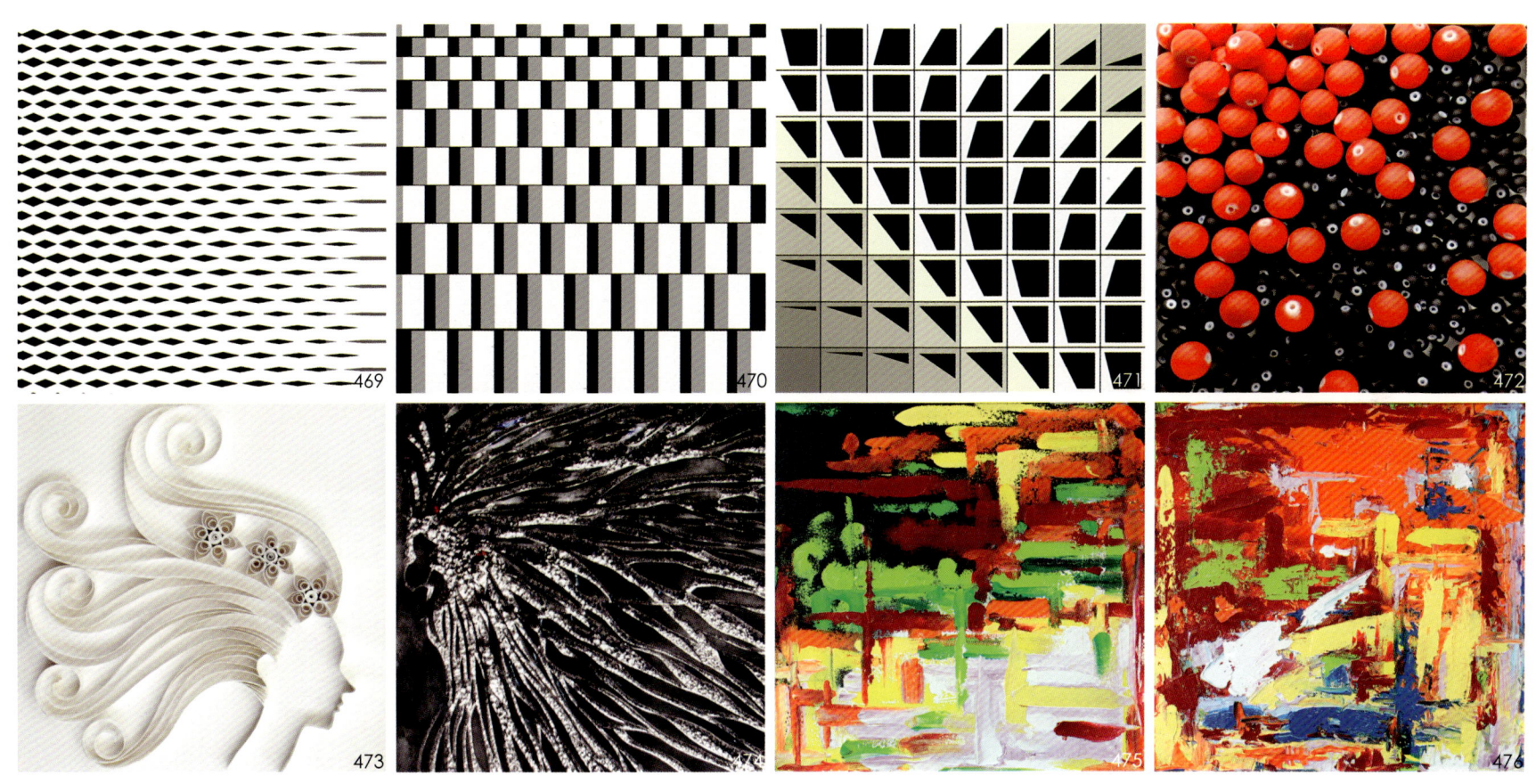

肌理构成是物质材料与表现手法相结合的产物，学生依据自己的审美取向和对物质特质的感受，利用不同的材料，采用重复、近似、渐变、发射、密集等平面构成的手法创造一种组织结构与纹理。通过肌理构成训练，培养学生对多种材料的深度认知和组织能力，以增强建筑表皮的设计能力。

469-472.肌理构成学生作业（作者：刘　汉）
Texture Composition

473.肌理构成学生作业　（作者：何玥琪）
Texture Composition

474.肌理构成学生作业　（作者：屈　张）
Texture Composition

475-476.肌理构成学生作业（作者：张越原）
Texture Composition

477-484.北京红砖美术馆　　　　　　　　（摄影：屈培青）
Red Brick Art Museum, Beijing

485-496.多种砖块肌理　　　　　　　　（摄影：屈培青）
A Variety of Brick Texture

砖作为历史最悠久的建筑材料之一，优良的耐久性和老砖材的质感和沧桑感使其成为设计师在进行文脉类建筑设计时非常偏爱的材料。文脉建筑的设计及传统建筑的保护中，砖材一直得到设计师的广泛使用。

建筑与构成 肌理构成（砖的元素肌理） 209

497-502.山西民居砖花　　　　　　　（摄影：屈培青）
Brick Pattern in Traditional Dwelling in Shanxi

503、504 临潼芷阳会馆（设计：屈培青　常小勇　王　琦）
Zhiyang Hall,Lintong

建筑与构成 肌理构成（砖的元素肌理） 211

505. 上海八号桥　　　　　　　（摄影：屈　张）
　　 No.8 Bridge, Shanghai

506. 蓝田 井宇　　　　　　　（摄影：屈培青）
　　 JingYu, Lantian

507、508. 中国美术学院　　　（摄影：屈培青）
　　 China Academy of Art, Hangzhou

509. 新疆国际大巴扎　　　　（摄影：屈培青）
　　 The Big Bazaar, Xinjiang

510. 关中民俗博物院　　　　（摄影：屈培青）
　　 Guanzhong Folk Museum

511. 德国科隆科伦巴艺术博物馆　（摄影：屈　张）
　　 Kolumba Museum, Koln

建筑与构成 肌理构成（砖的元素肌理） 213

陶砖，作为一种古老的建筑材料，在现代工艺的加工下，表现出古朴自然且极具文化内涵的美学气质，并凭借其砌块组合的特性，创造出具有韵律的建筑立面效果。

512-513.上海豪华精选酒店（摄影：屈培青）
Luxury Collection Hotel,Shanghai

519、520.清华大学校史馆　　　　（摄影：屈培青）
History Museum,Tsinghua University

521.新清华学堂　　　　　　　　（摄影：屈培青）
New Tsinghua School,Beijing

522、523.首都博物馆　　　　　　（摄影：屈培青）
Capital Museum,Beijing

建筑与构成　肌理构成（陶砖的元素肌理）

石材作为装饰材料的建筑数不胜数。石材以其自身厚重、粗犷的形象，可以传达出建筑沉稳的美学气质。随着时间的冲刷，它又表现出厚重的历史感。我们认为石材的应用前景依然十分广阔，而应用石材的建筑创作有待于建筑师的进一步发现。

524.北京奥运会某建筑　　　（摄影：屈培青）
Olympic Games, Beijing

525.瑞士BIS银行　　　　　（摄影：王　敏）
BIS, Switzerland

526.上海金茂时尚生活中心（摄影：屈培青）
J'LIFE, Shanghai

527.西班牙圣家族教堂　　（摄影：王　敏）
Sagrada Família, Spain

528.北京谷泉会议中心 （资料提供：北京宝贵石）
Guquan Conference Center, Beijing

529.先民纪念馆 （摄影：屈 郁）
Voortrekker Monument, Brazil

530、531.西班牙某建筑 （摄影：屈培青）
Building in Spain

532.南迦巴瓦游客服务中心 （摄影：屈培青）
Visitor Center, Namjagbarwa

533.英国某建筑 （摄影：屈培青）
Building in England

清水混凝土通过朴实无华、理性稳重的美学气质，表现出一种简约、高雅的现代建筑形象。它以不同的浇筑与装饰工艺，采用灰色系的色彩为基础营造出富有肌理与韵味的立面效果。

534. 四川成都 鹿野苑石刻博物馆　　　　　　　　（摄影：窦　勇）
　　　Luyeyuan, Chengdu

535. 鄂尔多斯体育场　　　　　　　　　　　　　（资料提供：北京宝贵石）
　　　Ordos Stadium

536. 顺义燃气中心　　　　　　　　　　　　　　（资料提供：北京宝贵石）
　　　CNG, Shunyi

537. 山东孟良崮博物馆　　　　　　　　　　　　（资料提供：北京宝贵石）
　　　Mengliangu Museum, Shandong

538、539. 瑞士 伯尔尼历史博物馆新馆　　　　　　（摄影：屈　张）
　　　Historisches Museum, Bern

540.联想集团总部　　　　　　（摄影：屈培青）
Lenovo Headquarters,Beijing

541-543.杭州中国美术学院象山校区（摄影：屈培青）
Art Academy of China,Hangzhou

544.西安大唐西市博物馆　　　（资料提供：北京宝贵石）
Tang West Market Museum,Xi'an

545.长春烈士纪念馆　　　　　（资料提供：北京宝贵石）
Changchun Patriot Memorial

建筑与构成　肌理构成（混凝土的元素肌理）

建筑与构成　肌理构成（马赛克的元素肌理）

马赛克又称锦砖，这种拼缀艺术在建筑表皮上的应用十分广泛，作为一种表皮的肌理形式，在西班牙建筑中出现得很多，而拼缀的材质元素也是多样的，陶瓷、玻璃、碎石，这种发源于古希腊的镶嵌艺术被重新运用于现代建筑中，反而呈现一种前卫、时尚的华丽质感。

546.巴塞罗那居埃尔公园　（摄影：王　敏）
Guell Park,Barcelona

547.巴塞罗那米拉公寓　（摄影：王　敏）
Casa Mila,Barcelona

548-549.巴塞罗那居埃尔公园（摄影：王　敏）
Guell Park,Barcelona

550-551.巴塞罗那巴约之家　（摄影：王　敏）
Casa Bayeux,Barcelona

552.学生色彩构成作业　（作者：高晨子）
Color Composition

553-555.巴塞罗那居埃尔公园（摄影：王　敏）
Guell Park,Barcelona

556.巴塞罗那巴约之家　（摄影：王　敏）
Casa Bayeux,Barcelona

557.巴塞罗那米拉公寓　（摄影：王　敏）
Casa Mila,Barcelona

建筑与构成　肌理构成（马赛克的元素肌理）　221

558.西班牙某建筑吊顶　　　（摄影：屈培青）
Ceiling of Building in Spain

559.中国美术学院象山校区（摄影：屈培青）
Xiangshan Campus

560. 良渚会所　　　　　　（摄影：屈培青）
Liangzhu Culture Center

561. 丽江某小学　　　　　（摄影：屈培青）
A Primary School in Lijiang

562.上海九间堂　　　　　（摄影：屈培青）
JiuJianTang,Shanghai

木材通常具备优美的自然纹理特征，成为肌理构成中被广泛运用的重要材料之一，加上木材作为一种建筑材料，又有着千变万化的组织形式，这给建筑师留下了无限的想象空间。

563、564.三亚某建筑吊顶 （摄影：屈培青）
Ceiling of Buildings

565.照金干部培训中心吊顶（摄影：屈培青）
Cadres Training Center,Zhaojin

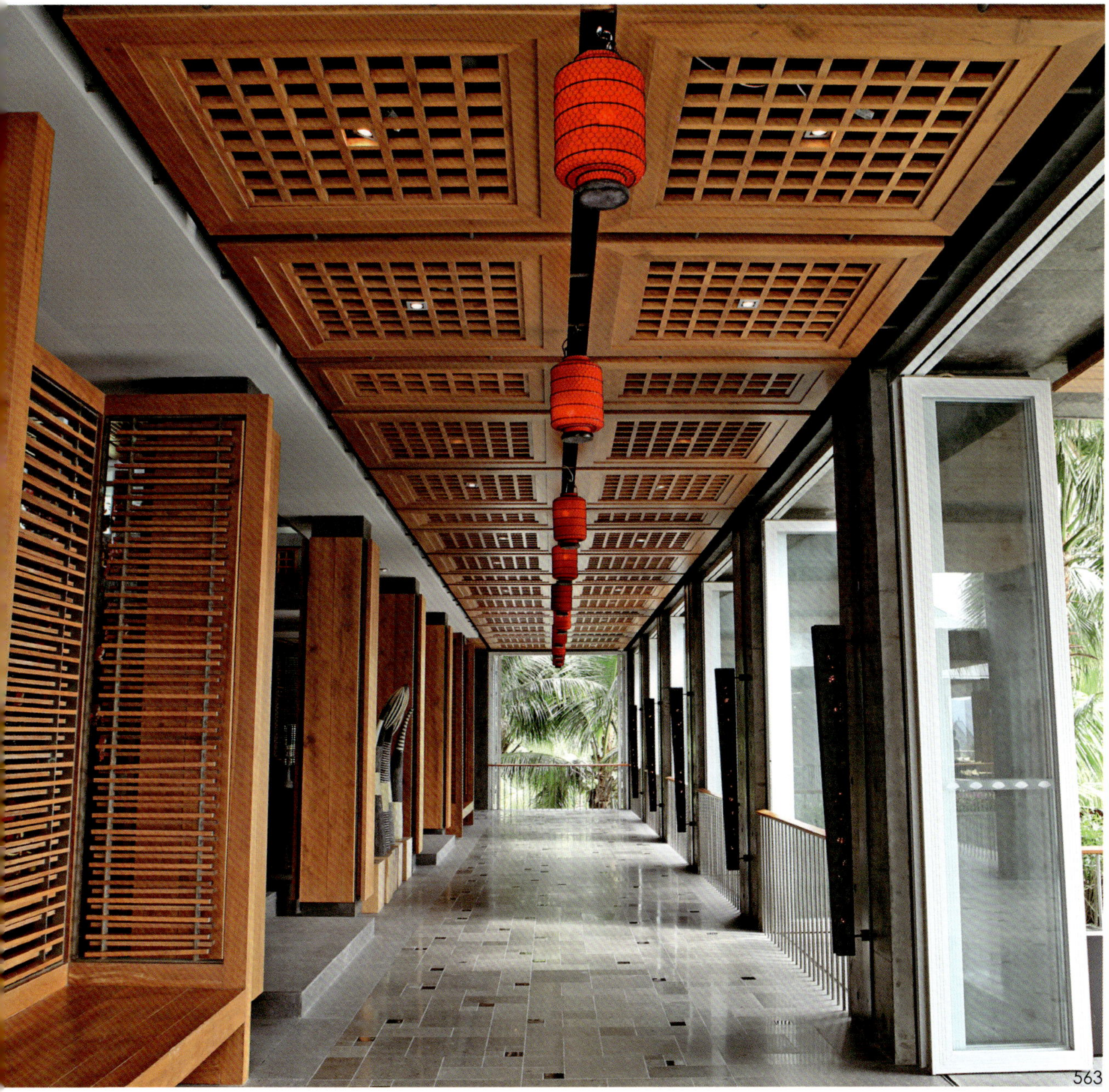
563

564

565

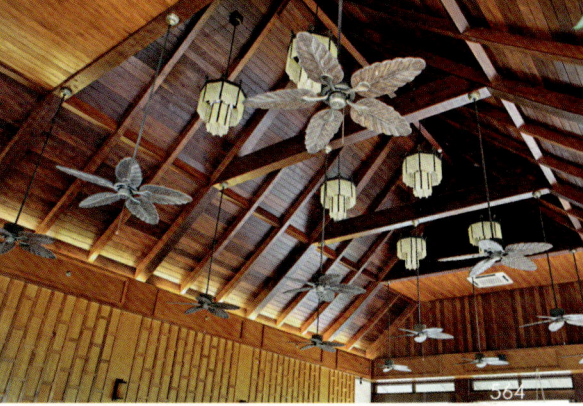

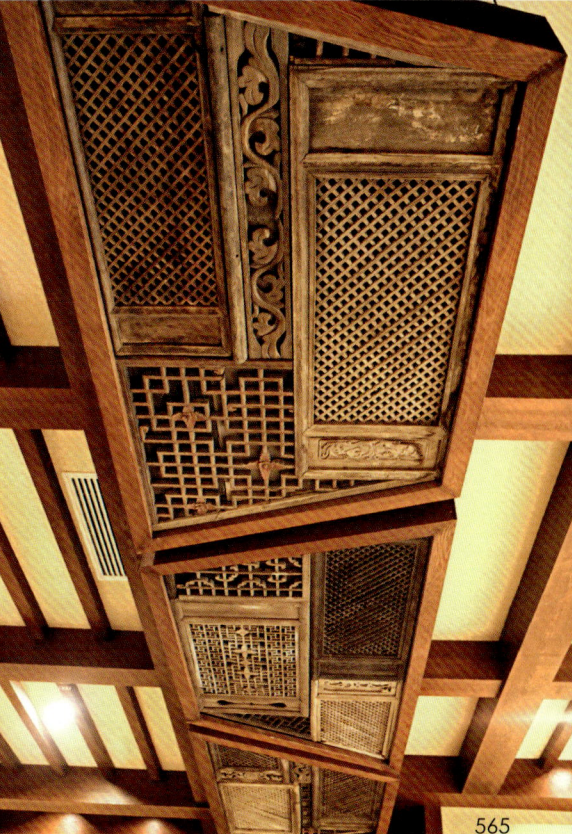

566. 巴黎蓬皮杜艺术中心　（摄影：王　敏）
　　 Pompidou Art Centre, Paris

567-570. 埃森矿业同盟博物馆（摄影：王　敏）
　　 Zollverein, Essen

571-575.瑞士巴塞尔 丁格利美术馆（摄影：屈 张）
Tinguely Musuem, Basel

金属材质元素之间的碰撞火花，千变万化的构成形式，有强烈的视觉冲击。因此，金属元素构成是建筑师在建筑设计中的一种常用手法。

576. 巴黎拉德芳斯商业区　　　　　（摄影：王　敏）
　　 La Defense CBD, Paris

577. 德国慕尼黑安联球场　　　　　（摄影：王　敏）
　　 Allianz Arena, Munich

578、579. 德国慕尼黑奥林匹克公园（摄影：王　敏）
　　 Munich Olympic Park

580. 巴黎拉德芳斯商业区　　　　　（摄影：王　敏）
　　 La Defense CBD, Paris

226　**建筑与构成**　肌理构成（膜结构元素肌理）

578

577

579

580

建筑与构成　肌理构成（膜结构元素肌理）

581."Force"主题雕塑　　　　　　　　　（摄影：屈　张）
FORCE Sculpture

582.瑞士洛桑奥林匹克总部　　　　　　（摄影：屈培青）
The Olympic Headquarters,Lausanne

583、584.丽江亿邦酒店　　　　　　　　（摄影：倪　巍）
Yibang Hotel,Lijiang

585、586、588、589.巴塞罗那圣家族教堂（摄影：王　敏）
Sagrada Família,Barcelona

587.西班牙某建筑　　　　　　　　　　（摄影：屈培青）
A Building in Spain

590.圣劳伦斯教堂　　　　　　　　　　（摄影：王　敏）
St.Lawrence Church

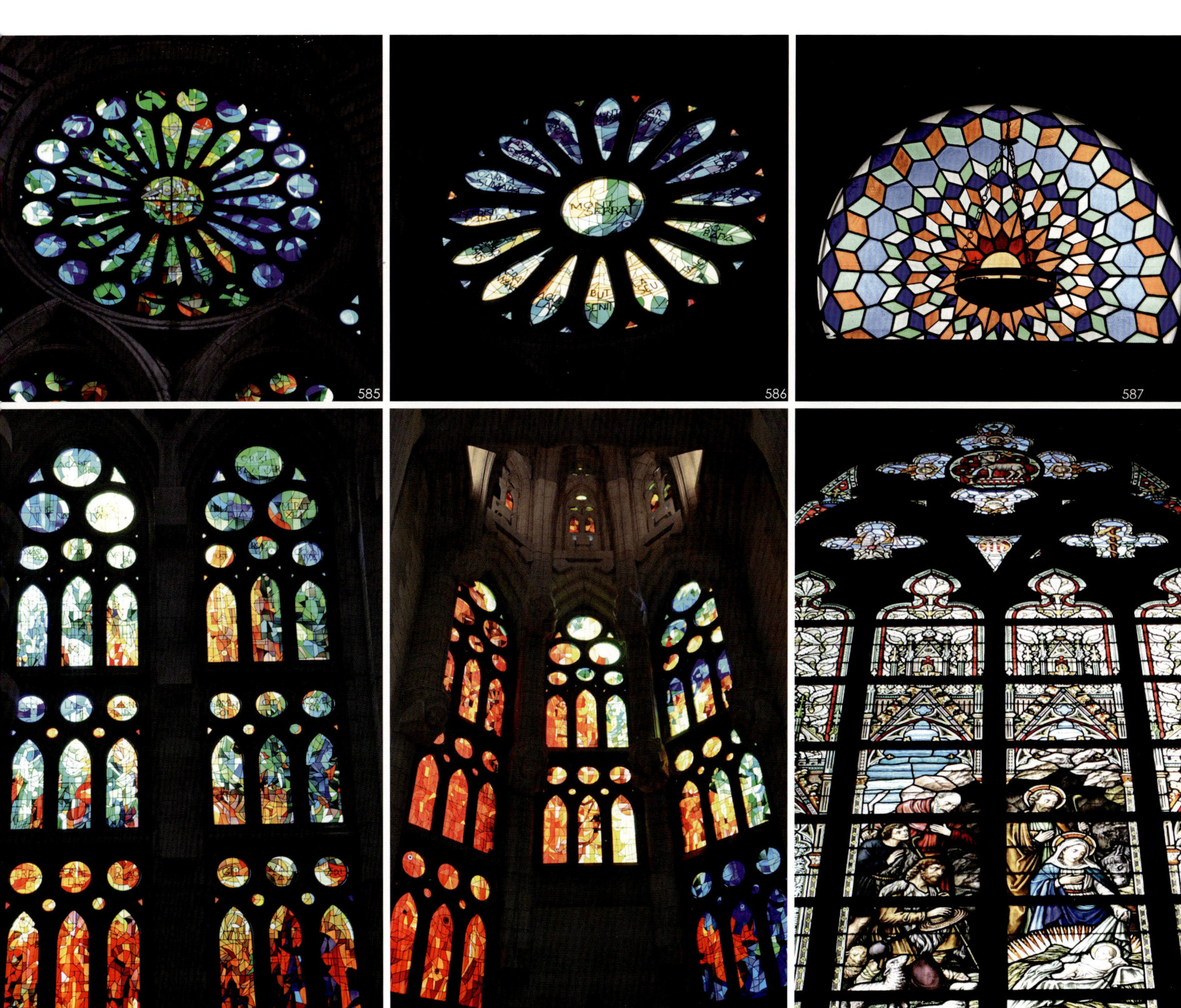

建筑与构成　肌理构成（色彩肌理）　229

同元素肌理构成被广泛运用在生活中的各个领域，小到装饰构件，大到整体环境，有些是无意的堆砌，也有些是刻意的心机，这其中蕴含着拓扑原理，通过丰富的色彩和大同小异的形象演绎出缤纷的视觉感受。而这种视觉的冲击力可以被很好地利用在各种建筑的装饰之中。

591. 北京侨福芳草地中心　（摄影：屈　张）
Parkview Green, Beijing

592. 新加坡某建筑室内灯饰　（摄影：屈培青）
Lights in the Building, Singapore

593. 新加坡某建筑室内灯饰　（摄影：屈培青）
Lights in the Building, Singapore

594. 西安临潼爱情海　（摄影：屈培青）
Love Sea, Litong

595. 上海某餐厅室内装饰　（摄影：屈培青）
Interior Design, Shanghai

596. 西班牙某教堂室内　（摄影：屈培青）
Inner Space in a Church, Spain

597.新加坡某购物中心卖场　　　　　　　　（摄影：屈培青）
Shopping Center in Singapore

598.德国科隆大桥　　　　　　　　　　　　（摄影：屈　张）
Bridge of Koln

599.西班牙某商店室内陈设　　　　　　　　（摄影：屈培青）
Shopping Center in Spain

600.韩国某商店室内陈设　　　　　　　　　（摄影：常小勇）
Shopping Center in Korea

601.上海某商店室内摆设　　　　　　　　　（摄影：屈培青）
Shopping Center in Shanghai

602.内蒙古鄂尔多斯成吉思汗陵　　　　　　（摄影：屈培青）
Genghis Khan Tomb, Ordos

603.韩国某景点　　　　　　　　　　　　　（摄影：常小勇）
Scene in Korea

建筑与构成　肌理构成（同元素肌理）

232　**建筑与构成**　肌理构成（同元素肌理）

604-606.某名品店店面装饰 （摄影：屈培青）
Decoration in a Boutique

607.三亚某酒店立面装饰 （摄影：屈培青）
Decoration on the Fascade,Sanya

608、610.杭州规划馆内部饰面 （摄影：屈培青）
Inner Facsade of Urban Planning Hall

609.杭州良渚商业建筑立面装饰 （摄影：屈培青）
Commercial Street in Liangzhu

611、612.西班牙某建筑墙面装饰 （摄影：屈培青）
Ornaments on the Wall,Spain

613.瑞士奥林匹克博物馆 （摄影：屈培青）
Olympic Museum, Lausanne

614.北京宝贵石总部 （摄影：屈培青）
Baogui Stone Company,Beijing

建筑与构成　肌理构成（同元素肌理）　233

615. 陕西 党家村　　　（摄影:屈培青）
     Dang Village, Hancheng

616. 贵州 镇远苗寨　　（摄影:屈培青）
     Miao Village in Zhenyuan

617. 贵州 镇远苗寨　　（摄影:屈培青）
     Miao Village in Zhenyuan

618. 贵州 镇远苗寨　　（摄影:屈培青）
     Miao Village in Zhenyuan

619. 山西灵石 王家大院　（摄影:屈培青）
     Wang's Grand Courtyard, Lingshi

234　建筑与构成　肌理构成（屋顶的肌理）

620.摩纳哥　　　　　　（摄影：屈培青）
Monaco

621.西班牙　　　　　　（摄影：屈培青）
Spain

622.希腊 圣托里尼岛伊亚小镇（摄影：李大为）
Oya Mari Villa

623.法国马赛　　　　　（摄影：屈培青）
Marseille

624.意大利威尼斯　　　（摄影：屈　张）
Venice

建筑与构成　肌理构成（屋顶的肌理）

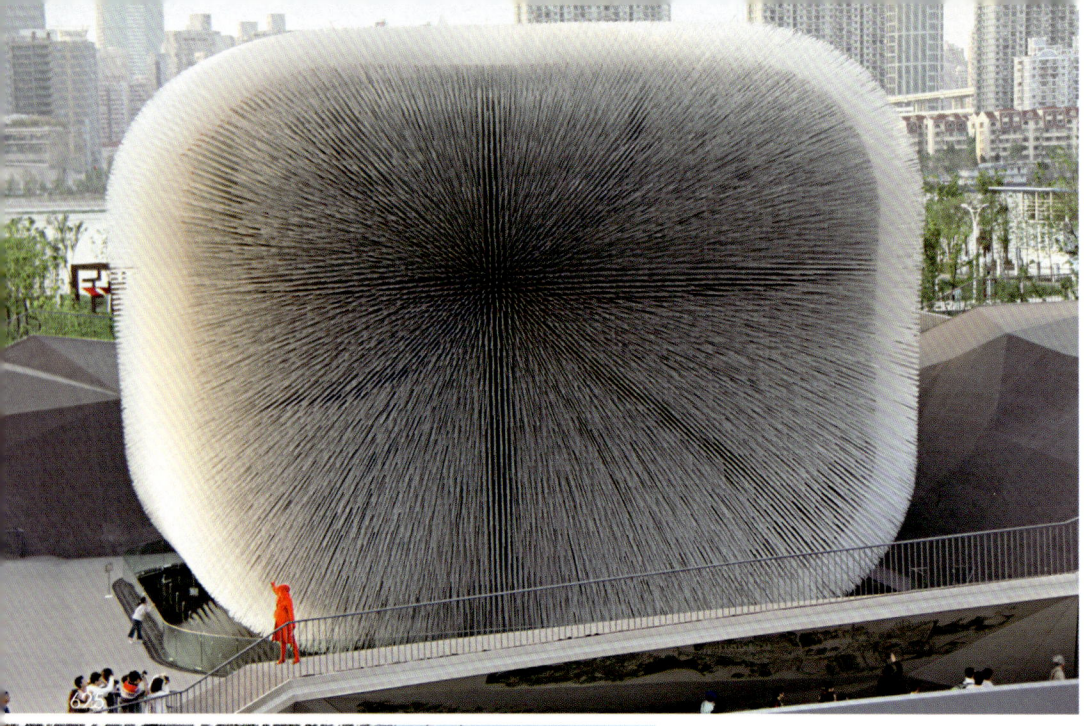

将植物的肌理设计在建筑外表皮上，表现出这类建筑的特殊趣味，能够反映和强调建筑物自身的一种个性。这种特征被建筑师而运用于建筑创作当中，往往会显得别出心裁。

625、628.2010上海世博会英国馆　　　（摄影：文　超）
The UK Pavilion of Expo2010,Shanghai

626.巴黎德方斯商业开发区　　　　　（摄影：王　敏）
La Defense CBD,Paris

627、629.2010上海世博会西班牙馆　（摄影：屈培青）
The España Pavilion of Expo2010,Shanghai

630.韩国公园雕塑　　　　　　　　　（摄影：常小勇）
Park Sculpture,Korea

631-633.蓬皮杜国家艺术文化中心　　（摄影：王　敏）
Pompidou Art Center,Paris

634.2011西安世园会荷兰馆　　　　　（摄影：屈培青）
The Netherland Pavilion of Expo2011,Xi'an

635.巴塞罗那奥运村鱼形雕塑　　　　（摄影：屈培青）
Fish Sculpture of the Barcelona Olympic Village

建筑将其结构主体之外的装饰构件及各种颜色的设备管线展现在外立面上，留给人们深刻印象的，除了五彩缤纷、琳琅满目之外，是建筑所表现出来的特有的表皮肌理。

建筑与构成　肌理构成（其他元素肌理）　237

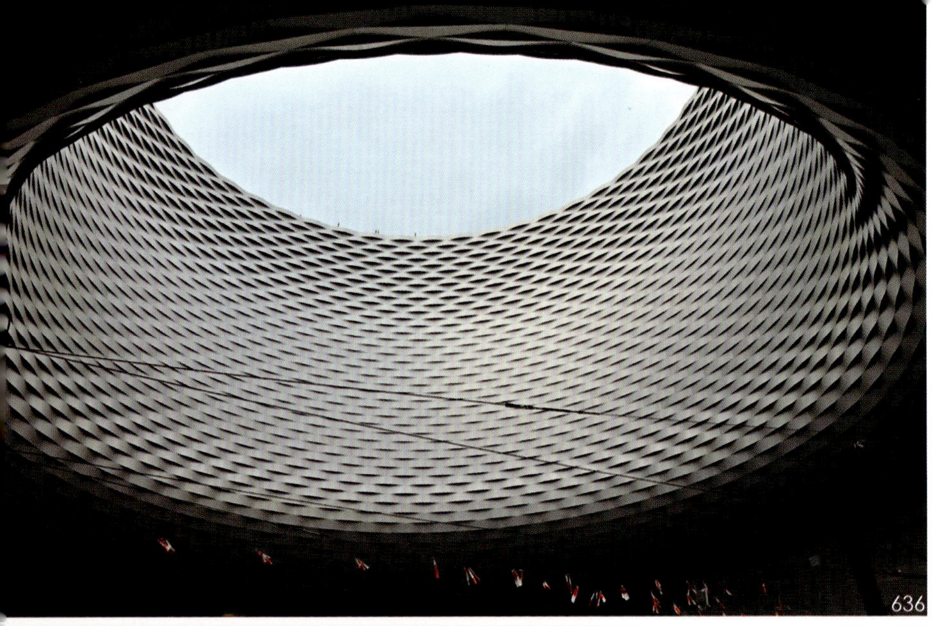
636

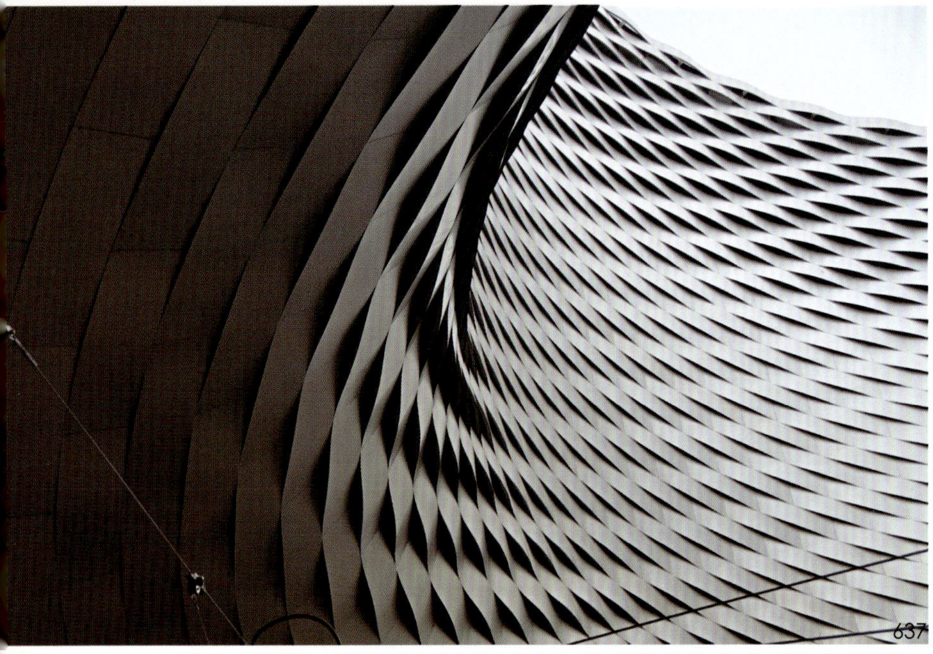
637

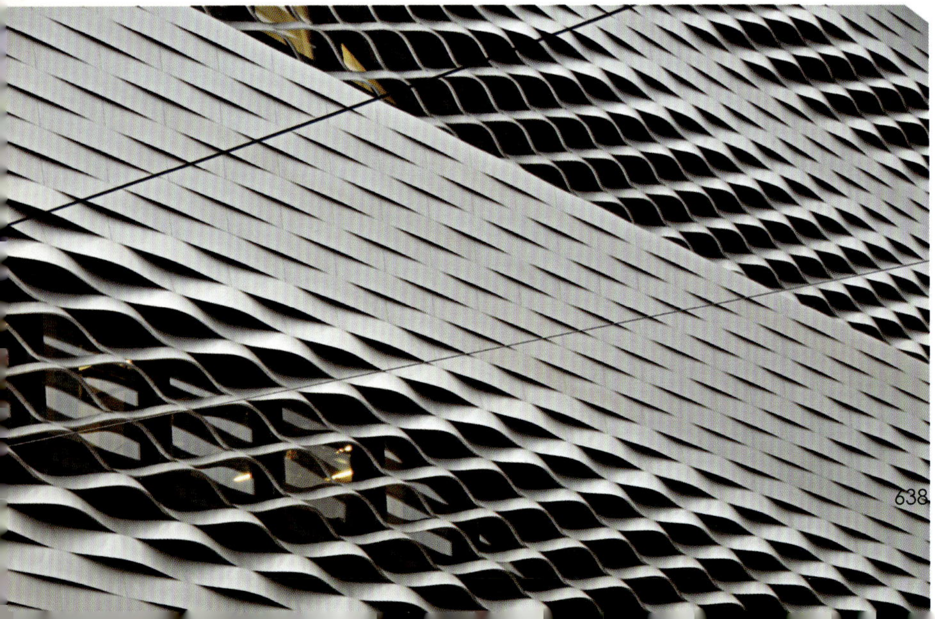
638

636-638.巴塞尔展览中心新馆（摄影：王　敏）
Messe Basel New Hall

639、640.阿姆斯特丹 IJBURG 学院（摄影：姜　宁）
Amsterdam Ijburg College

641-643.三亚某酒店（摄影：屈培青）
A Hotel in Sanya

644.耶鲁大学善本图书馆（摄影：屈　张）
Beinecke Rare Book and Manuscript Library

639

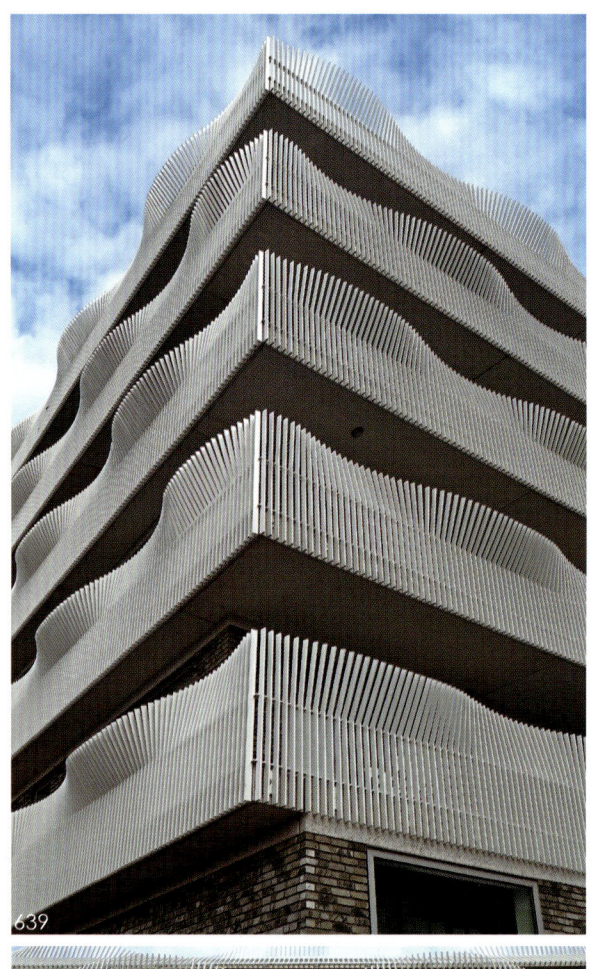

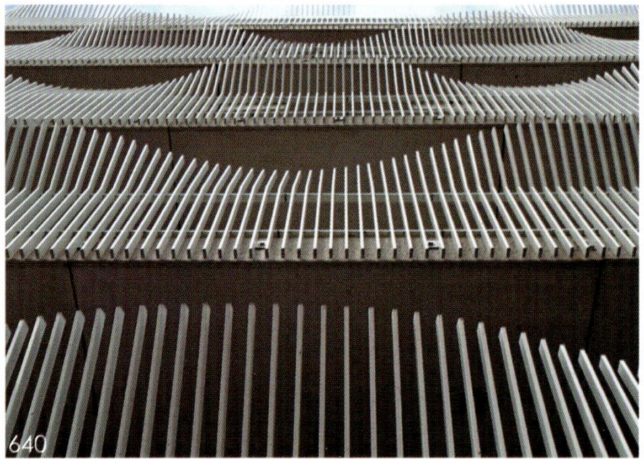
640

在建筑设计当中，对某一种元素的简单重复，往往会形成不同的肌理效果，这种肌理效果赋予建筑以不同的表情和特有的内在性格特征。

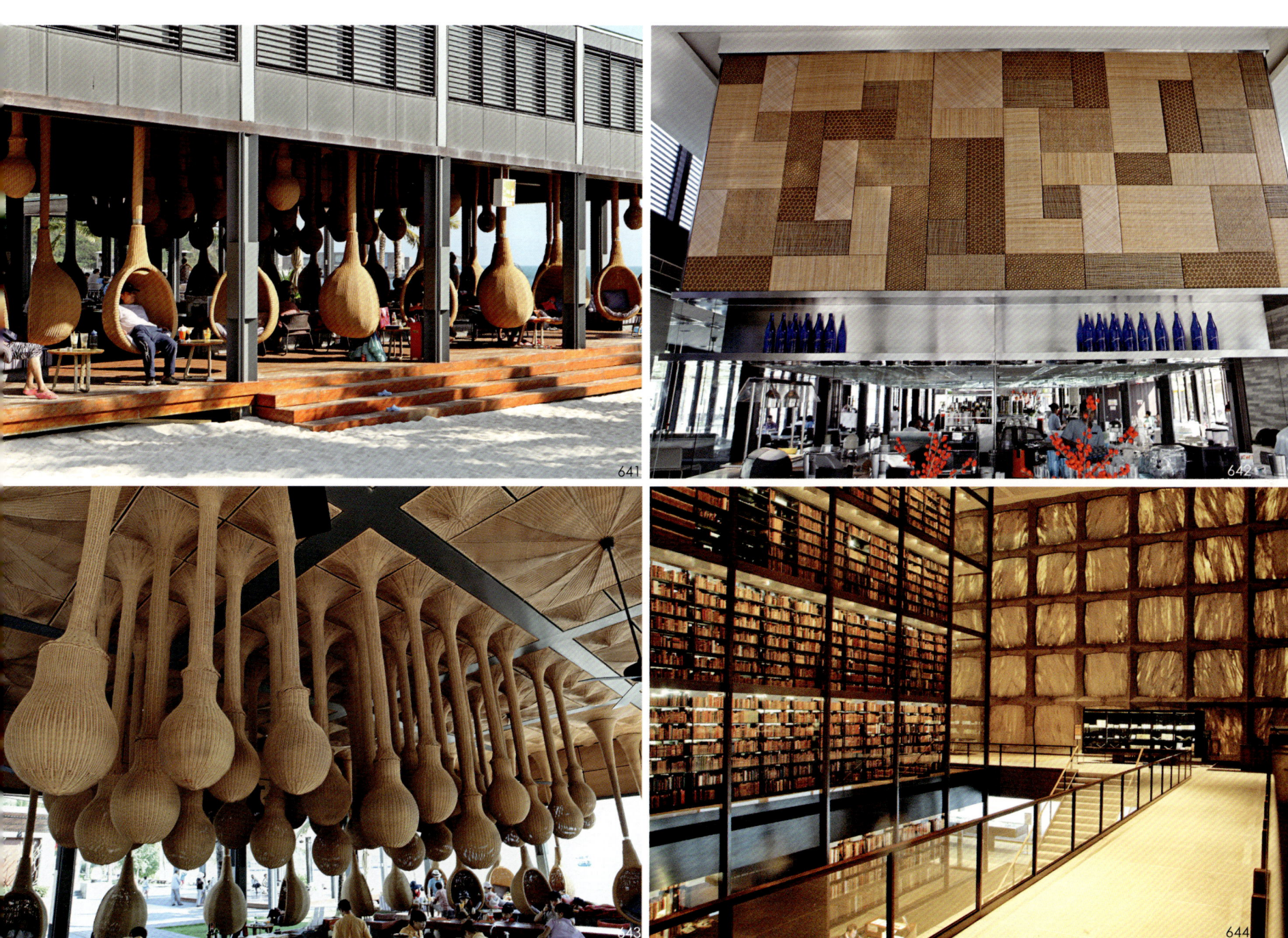

建筑与构成 肌理构成（其他元素肌理）

建筑作为技术和艺术相交叉的学科，在探讨其审美时是无法回避建筑技术的影响力的。更细致的说法是，在探讨建筑表皮形式的审美时，我们无法回避建筑材料的进步对其产生的影响。正如，假使没有石膏这种材料，阿尔罕布拉宫的奢华与繁复将会不复存在。

645-650.西班牙格拉纳达 阿尔罕布拉宫（摄影：屈培青）
Alhambra Palace,Spain

建筑与构成 CONSTRUCTION AND BUILDING
韵律构成
RHYTHM COMPOSITION

韵律构成通过对建筑材料进行重复的构图，赋予了建筑一种生机，从旋转楼梯到大型屋架，从排列整齐的窗户到鳞次栉比的柱廊，反映了建筑的空间动态构成，给人一种向上、振奋的气势。

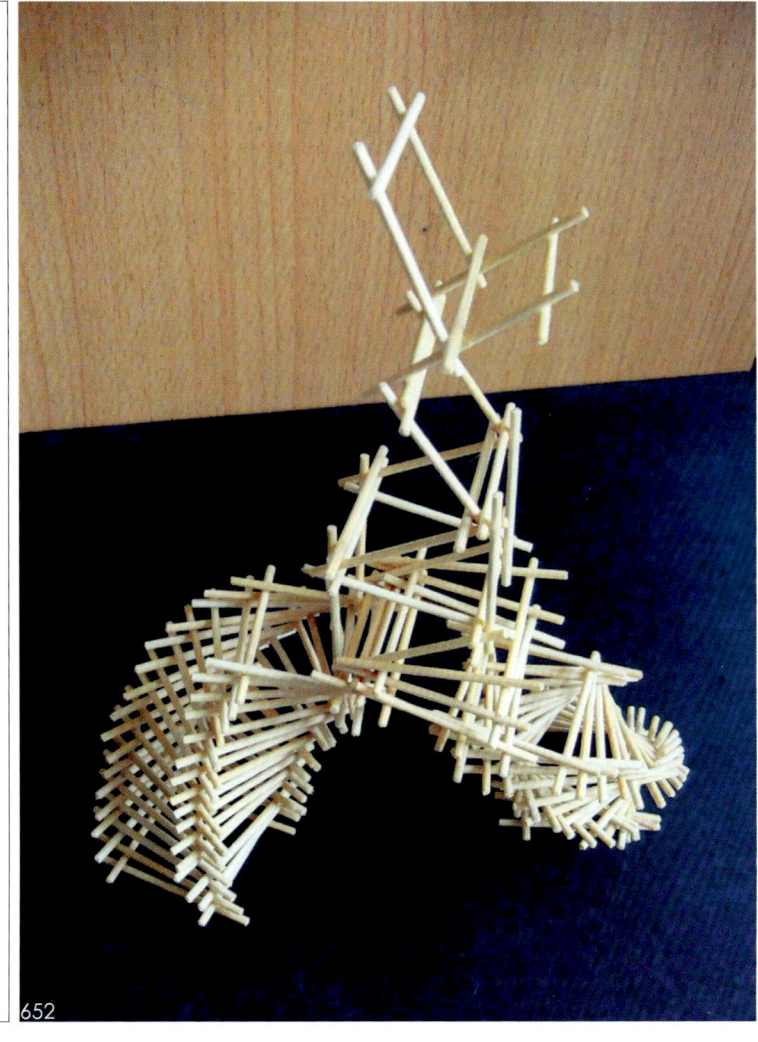

651、652.韵律构成 （作者：张文静）
Rhythm Composition

653.韵律构成 （作者：高 羽）
Rhythm Composition

654.韵律构成 （作者：朱原野）
Rhythm Composition

655.韵律构成 （作者：李 楠）
Rhythm Composition

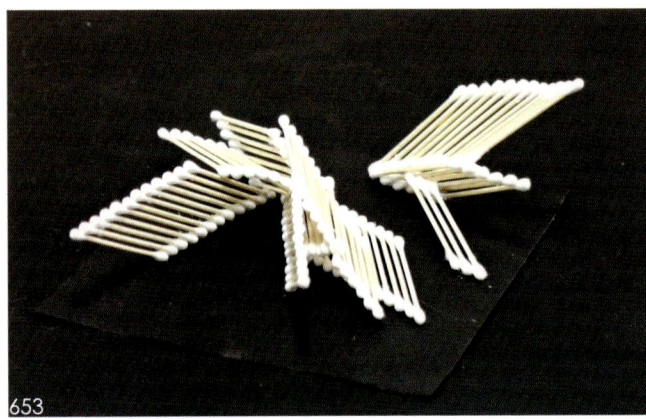

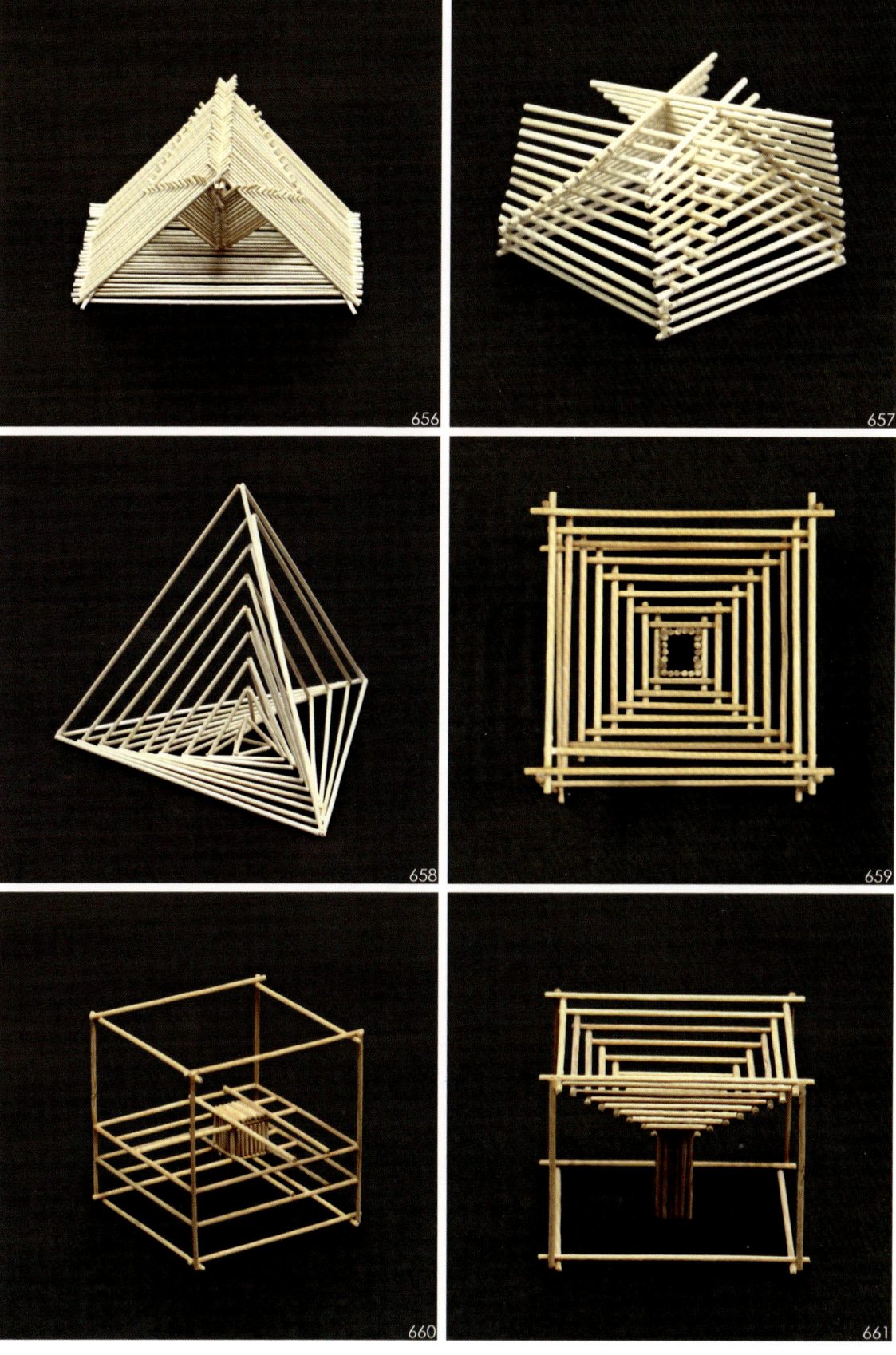

656	657
658	659
660	661

656.韵律构成　　　　（作者：张雪蕾）
Rhythm Composition

657.韵律构成　　　　（作者：何玥琪）
Rhythm Composition

658.韵律构成　　　　（作者：张文静）
Rhythm Composition

659-661.韵律构成　　（作者：何玥琪）
Rhythm Composition

杆件是韵律构成中表现形式最为丰富的元素之一。通过杆件的连接、参差、旋转、留白，可以形成丰富的空间和视觉感受。

建筑与构成 韵律构成（韵律构成作业）　243

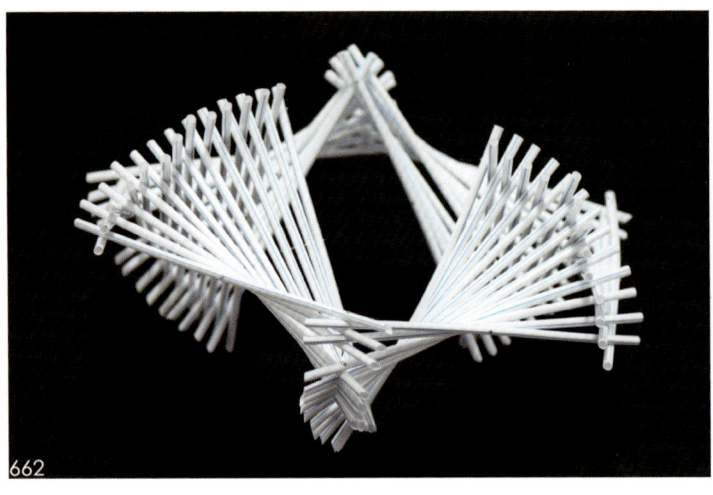

管材拥有与杆件相似的属性，但是其不同之处在于通透，并且打破了杆件的二维线条的规律，通过切割后重新组合可以形成曲面。

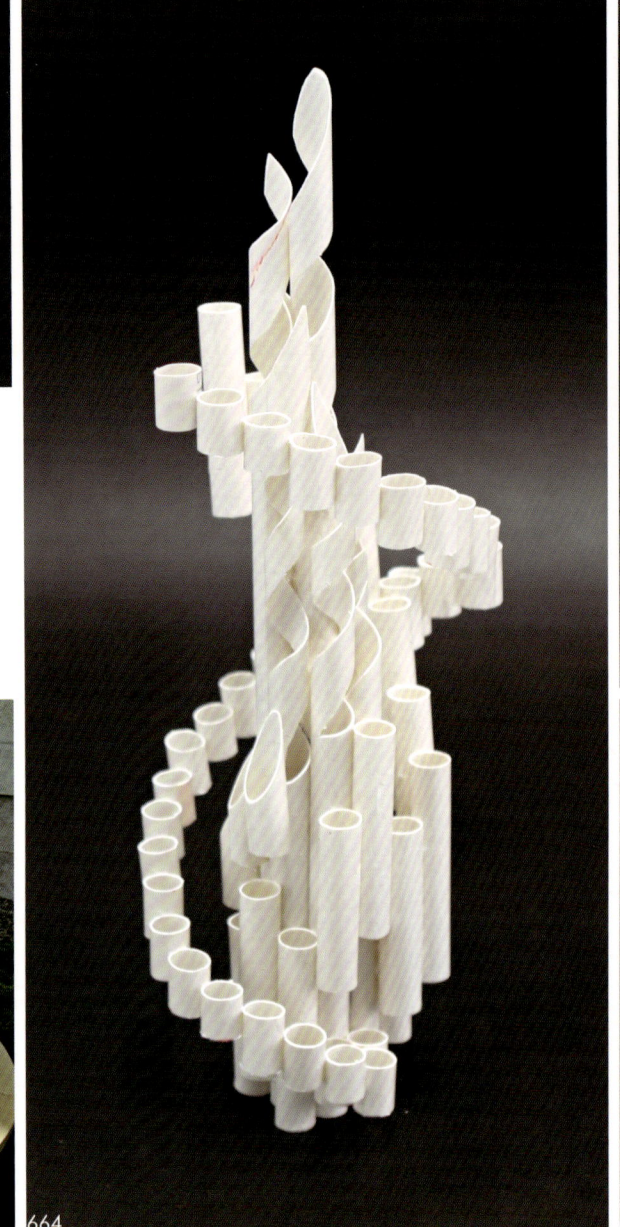

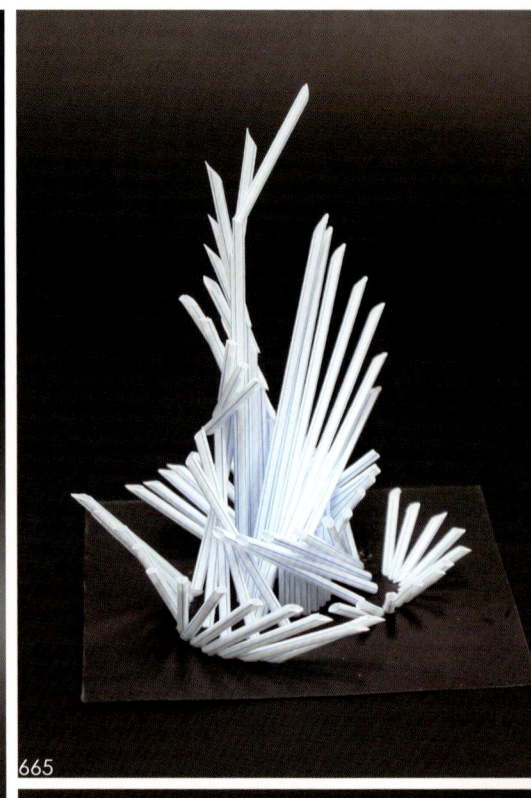

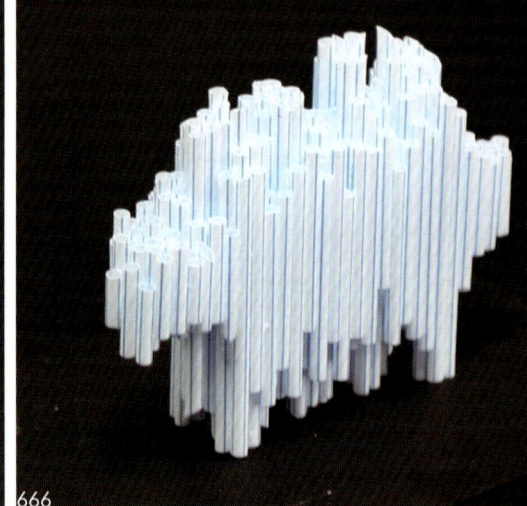

662.韵律构成（作者：张文静）
Rhythm Composition

663.韵律构成（提供：韩 熙）
Rhythm Composition

664.韵律构成（作者：刘 林）
Rhythm Composition

665.韵律构成（作者：宋文龙）
Rhythm Composition

666.韵律构成（作者：梁 辰）
Rhythm Composition

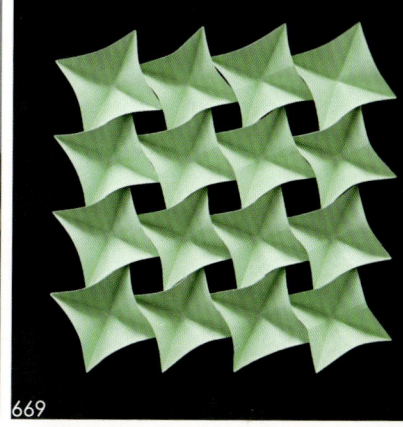

667. 韵律构成　　　　（提供：韩　熙）
　　 Rhythm Composition

668. 韵律构成　　　　（作者：吴　丹）
　　 Rhythm Composition

669-674. 韵律构成　　（作者：何玥琪）
　　　　 Rhythm Composition

　　纸的构成是二维向三维进化的代表作。纸张的构成很容易体现出韵律感，通过切割、折叠、挤压、卷曲等方法，可以让二维世界的纸体现出三维甚至四维的效果。

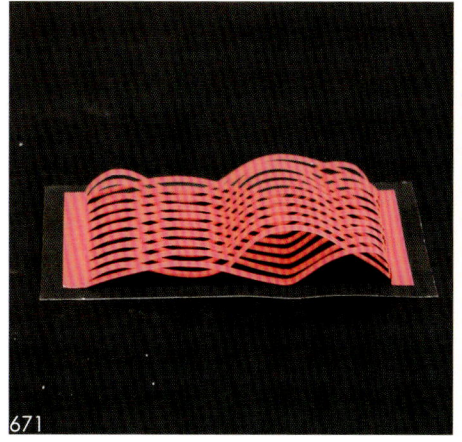

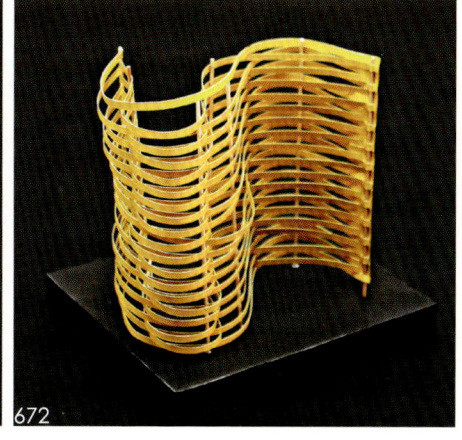

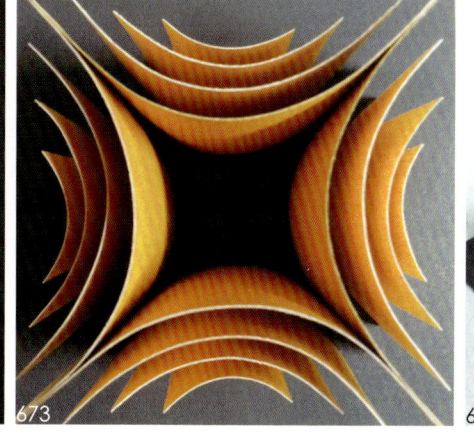

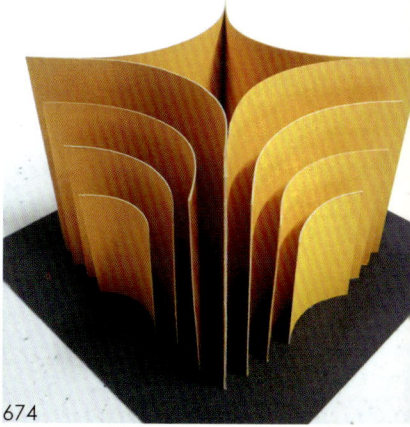

建筑与构成　韵律构成（韵律构成作业）　　245

建筑的结构构件、外观构件、功能构件等各种实体的组成元素之间有规律的重复变化形成了建筑的韵律之美。

在机场展览、商业等大型、大跨建筑中，这种韵律则表现得尤为震撼，韵律构成的手法甚至成了这类建筑设计作品的最主要、最核心的美学特质。

675、676.广州机场　　　　（摄影：屈培青）
Guangzhou Airport

677.新加坡金沙商场　　　（摄影：屈培青）
Marina Bay Sands Mall,Singapore

678.上海浦东机场　　　　（摄影：屈培青）
Pudong Airport,Shanghai

679.新加坡商场　　　　　（摄影：屈培青）
Marina Bay Sands Mall,Singapore

680-682.德国柏林索尼中心　（摄影：屈　张）
Sony Center,Berlin

建筑与构成　韵律构成（建筑韵律构成）

248 **建筑与构成** 韵律构成（建筑韵律构成）

建筑作品中的韵律构成不仅仅局限于建筑物的外观形态，它同样存在于建筑物内部的装饰装修元素中。拱券结构建筑物内部的柱、拱等结构的有序排列、室内装饰物的重复平铺、甚至旋转楼梯的曲线以及螺旋楼梯踏步所形成的旋转发射序列的构图，这些都无不展示出建筑体内的韵律。而这种韵律的存在会给建筑带来一种由内而外散发的运动感，人们会在视觉的带动下渐渐感觉到建筑结构的动势。

683. 班贝格教堂 （摄影：屈 张）
Bamberg Church

684、685. 建筑室内装饰韵律构成 （摄影：屈培青）
Rhythm of Interior Decoration

686. 富平陶艺博物馆 （摄影：屈培青）
Clay Museum in Fuping

687. 新加坡商场 （摄影：屈培青）
Marina Bay Sands Mall, Singapore

688-692. 旋转楼梯的韵律构成（摄影：屈培青、王 敏）
Rhythm of Spiral Stairs

建筑与构成 韵律构成（建筑韵律构成）

693.某公共建筑 （摄影：姜 宁）
A public building

694.某公共建筑 （摄影：姜 宁）
A public building

695.新加坡金沙酒店 （摄影：屈培青）
Marina Bay Sands, Singapore

696.浙江诸暨美丽洲教堂 （摄影：屈培青）
Meilichou Church, Chuji

697-699.韩城老城区教堂改造
　　　（设计：屈培青 屈 张 王 琦）
Hancheng Church

建筑与构成 韵律构成（建筑韵律构成）

建筑与构成 韵律构成（建筑韵律构成） 251

700. 2010上海世博会韩国馆　　　　　（摄影：屈培青）
　　 The Korea Pavilion of Expo2010

701. 2010上海世博会塞尔维亚馆　　　（摄影：屈培青）
　　 The Serbia Pavilion of Expo2010

702. 柏林夏洛滕堡宫　　　　　　　　（摄影：屈　张）
　　 Schloss Charlottenburg,Berlin

703. 包豪斯校舍开窗韵律　　　　　　（摄影：王　敏）
　　 Rhythm of Windows on Bauhaus

704. 某旅馆开窗韵律　　　　　　　　（摄影：屈培青）
　　 Rhyme of Windows on a Hotel

705. 城市风景小区会所　（设计：屈培青　张超文　魏　婷）
　　 Community Center of Urban Scene,Xi'an

706. 银川市银川二中　（设计：屈培青　常小勇　姜　宁）
　　 Yinchuan Highschool

建筑与构成　韵律构成（建筑韵律构成）

707、708. 西班牙拱廊　　　　　　（摄影：屈培青）
An Arcade in Spain

709. 汉堡老城区　　　　　　　　（摄影：屈　张）
Old Downtown of Hamburg

710. 西班牙拱廊　　　　　　　　（摄影：屈培青）
An Arcade in Spain

711. 普林斯顿大学威尔逊学院　　（摄影：韩　熙）
Wilson School, Princeton University

712、713. 汉堡街景　　　　　　　（摄影：屈　张）
Street Scene in Hamburg

建筑与构成　韵律构成（建筑韵律构成）　255

714.西班牙古建拱廊　　　　　　　　（摄影：屈培青）
　　An Old Arcade in Spain

715.希腊拱廊　　　　　　　　　　　（摄影：李大为）
　　An Old Arcade in Greece

716、717.西班牙古建拱廊　　　　　（摄影：屈培青）
　　An Old Arcade in Spain

718、719.上海九间堂　　　　　　　（摄影：屈培青）
　　Jiujiantang,Shanghai

720.美国某建筑　　　　　　　　　　（摄影：韩　熙）
　　A Building in U.S.

721.锦园长安坊　　（设计：屈培青、常小勇、窦勇）
　　Jingyuan Changanfang Community,Xi'an

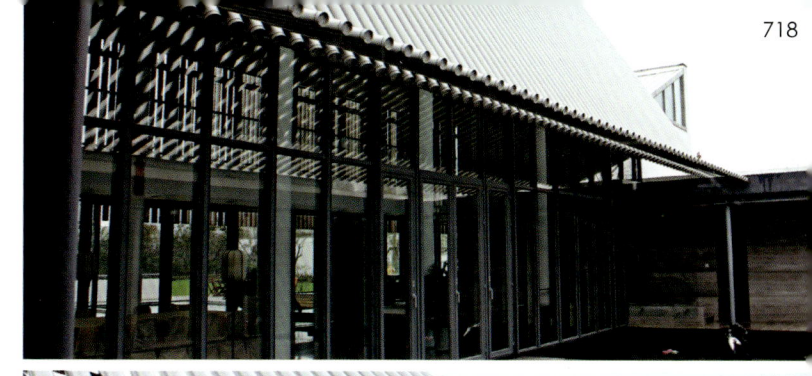

对建筑构件韵律美感的欣赏和韵律构成的建筑设计手法在世界各地的传统建筑中已经有了很悠久的历史。西方古典的拱券、中国传统的梁柱木构架，韵律构成都是其重要的构图成分。而在现当代，一些主张设计作品的文脉、地域特征的设计师们将这些古建元素提取、归纳、总结、提炼与再设计，还原出经典古建的比例尺度，再现出属于一个地域、一种文化的建筑美感。

718

719

720

721

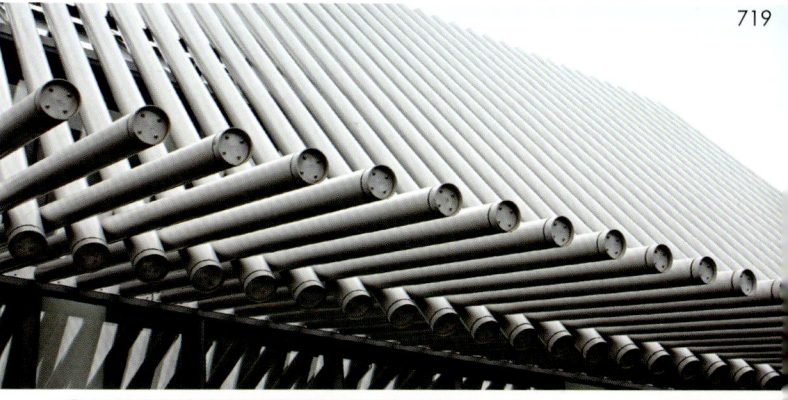

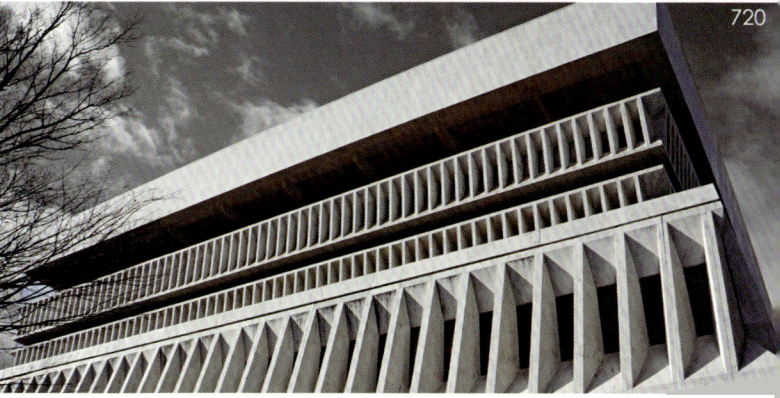

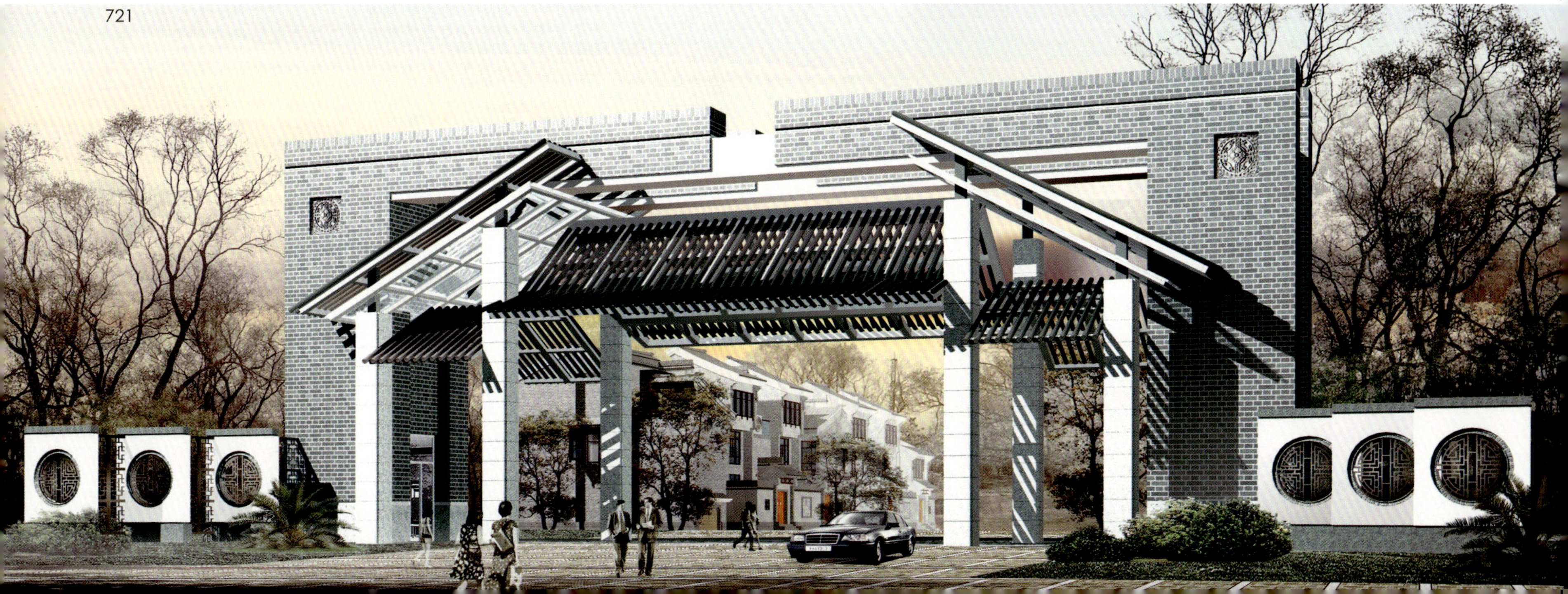

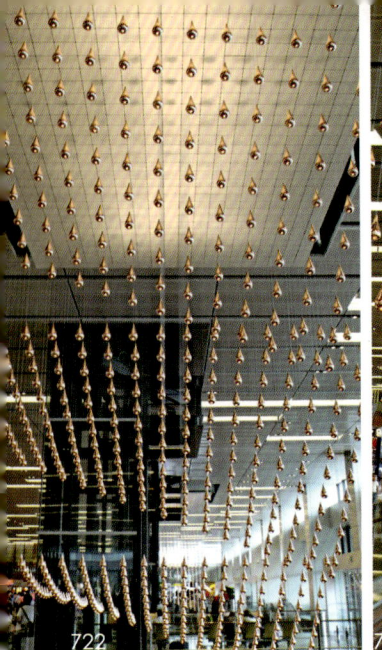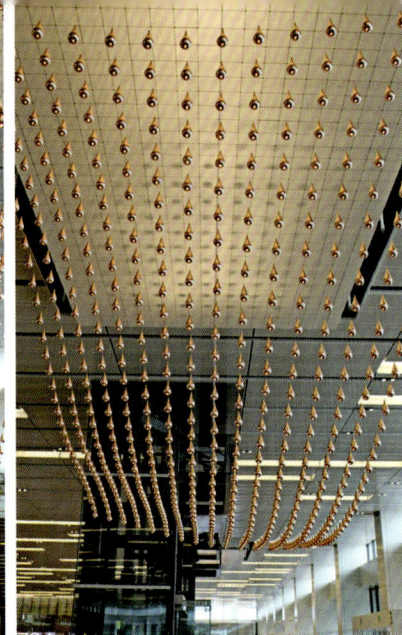

韵律构成中各个重复元素的走势有时并非一成不变，而是能够通过设计师的经营呈现出精妙的变化。上图一组图片展示出一组室内吊灯在人为的控制下千变万化，形成各种不同韵律的形态。下图是一组人体肌肉的裂变。这一系列的动态元素给人以运动的视觉体验。

右侧组图稳定的构图，均匀的布局给人以均衡、沉着、冷静的美感。在匀质中寻找微差带来的惊喜亦是这种韵律给人的美好感受。

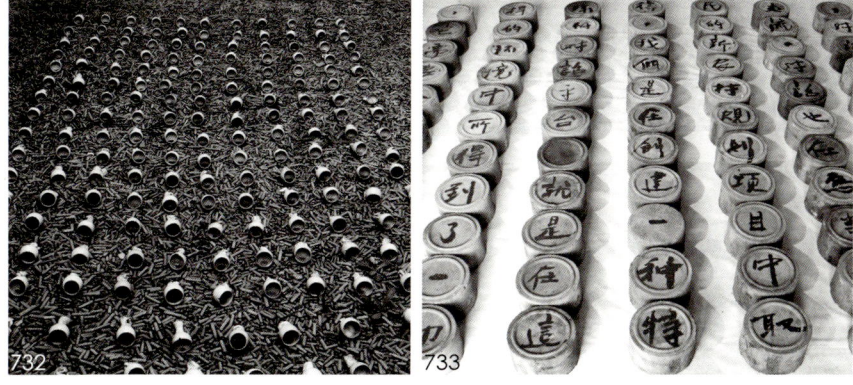

722-727.室内吊灯韵律构成　　　　　　　　　（摄影：屈培青）
Rhythm of Interior Lights

728-731.瑞士洛桑奥林匹克总部　　　　　　　（摄影：屈培青）
Olympic Center,Lausanne

732、733.学生韵律构成作业　　　　　　　　（摄影：屈培青）
Student Works on Rhyme

734.同济大学联合广场开窗韵律　　　　　　（摄影：屈培青）
The Rhythm of Windows on Union Square in Tongji University

735.西班牙沿街建筑立面开窗韵律　　　　　　（摄影：屈培青）
The Rhythm of Windows on a Traditional Spanish Building

736.中国建筑西北建筑设计研究院立面开窗韵律
　　　　　　　　　　　　　（设计：屈培青、常小勇、魏　婷）
The Rhythm of Windows on the Building of China Northwestern Architectural Design Institute

737-738. 法国里昂机场　　　　　（摄影：王　敏）
　　　　 Lyon Airport, France

739. 美国某建筑　　　　　　　　（摄影：韩　熙）
　　　A Building in U.S.

740. 斯图加特梅赛德斯奔驰博物馆内景
　　　　　　　　　　　　　　　（摄影：王　敏）
　　　Mercedes-Benz Museum, Stuttgart

741. 曼海姆Neuhermsheim社区中心
　　　　　　　　　　　　　　　（摄影：王　敏）
　　　Community Center of Neuhermsheim

742. 三亚半山半岛小区　　　　　（摄影：屈培青）
　　　Banshanbandao Community, Sanya

743. 马可波罗塔公寓　　　　　　（摄影：王　敏）
　　　Marco Polo Apartment

744. 中央信息大厦　　　　　　　（摄影：王　敏）
　　　Central Signal Box

745. 德国杜塞尔多夫凯悦酒店　　（摄影：屈　张）
　　　Hyatt Regency, Dusseldorf

建筑与构成　韵律构成（建筑韵律构成）

746	747
748	749
750	751

746.瑞士洛桑劳力士学习中心雕塑
（摄影：屈　张）
Rolex Learning Center, Lausanne

747.设计博物馆景观小品
（摄影：王　敏）
Landsacpe in Designing Museum

748.世博园景观小品
（摄影：屈培青）
Landscape Works in Expo2011, Xi'an

749.巴黎德方商业开发区
（摄影：王　敏）
La Defense, Paris

750-751.室内线条装饰元素的韵律构成
（摄影：屈培青　屈　张）
Rhythm of Decorative Lines

建筑与构成 COMPOSITION IN ARCHITECTURE

仿生学构成
BIONIC COMPOSITION

　　仿生学构成，即研究并提取生物界某些生物体的结构组织和形态肌理的规律，这为我们在如何完美的融合建筑形态和结构的问题上提供了明确方向和新颖的思路，使结构本身成为一种无需隐蔽的表现力。

752

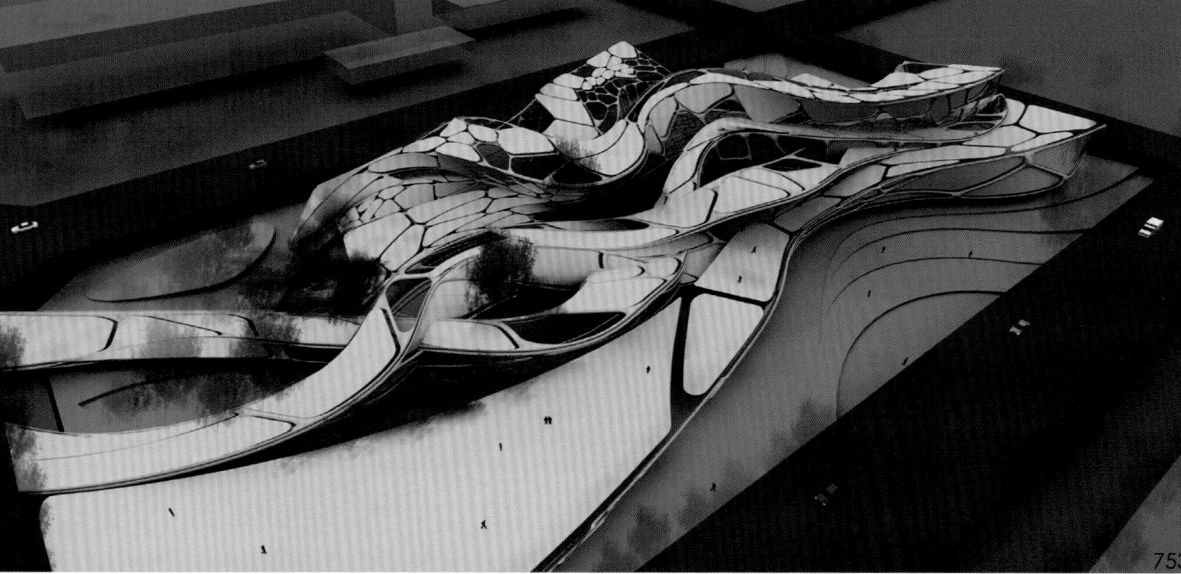

753

752-758.参数化辅助设计案例
　　　　（设计：何敏聪，指导教师：叶　飞）
　　　　Revit Building

759.参数化辅助设计案例
　　　（设计：尤伟阳，指导教师：叶　飞）
　　　Revit Building

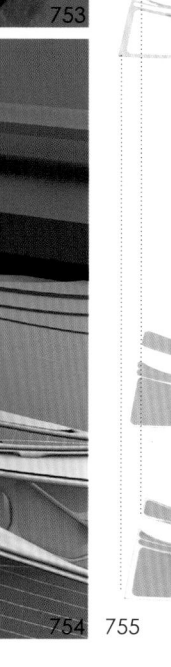

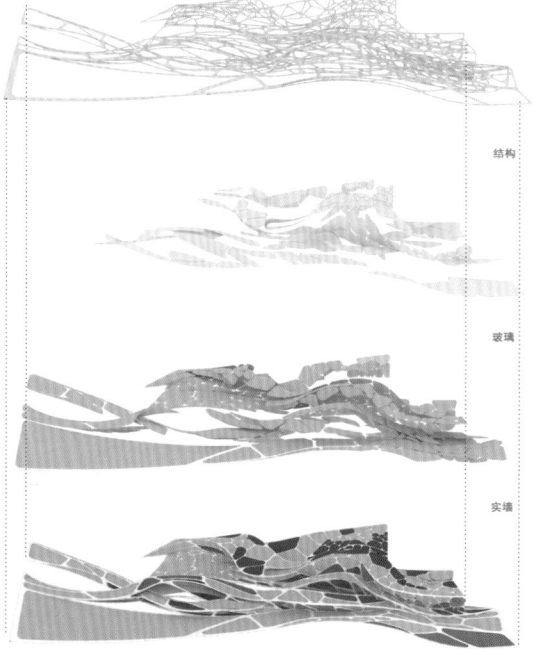

754　755

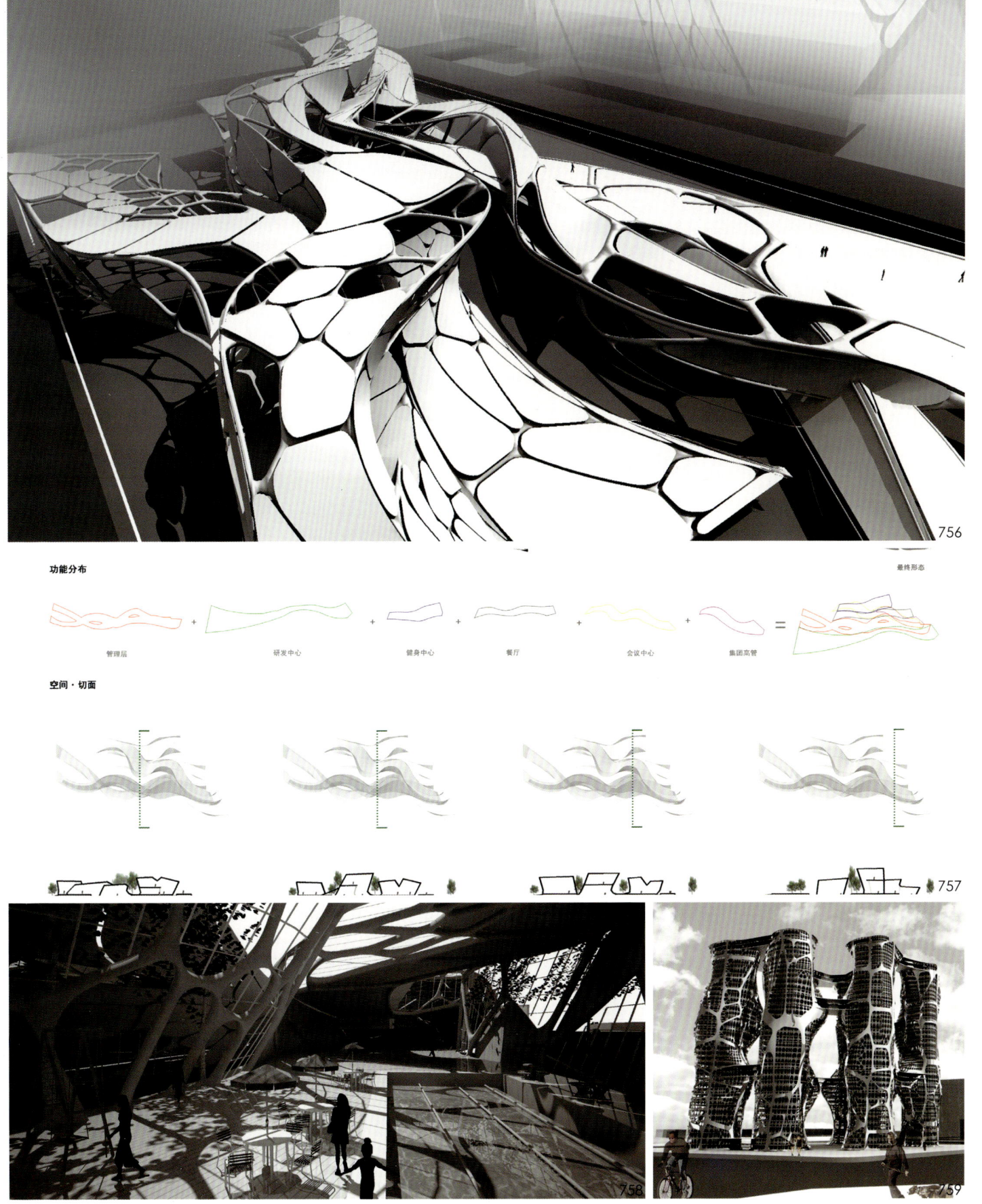

功能分布　　　　　　　　　　　　　　　　　　　　　　　　　　最终形态

管理层　　　研发中心　　　健身中心　　　餐厅　　　会议中心　　　集团高管

空间·切面

建筑与构成　仿生学构成

仿生学构成，即研究并提取生物界某些生物体的结构组织和形态肌理的相关规律，这为我们在如何完美的融合建筑形态和结构的问题上提供了明确的方向和新颖的思路，使结构本身成为一种无需隐蔽的表现力。

760.北京奥林匹克公园 国家体育场　　　（摄影：屈培青）
　　National Stadium,Beijing

761.北京奥林匹克公园 国家游泳中心　　（摄影：屈培青）
　　National Aquatics Center,Beijing

762、763.美国 耶鲁大学善本图书馆　　　（摄影：屈　张）
　　Beinecke Rare Book and Manuscript Library

764、765.上海 证大喜马拉雅中心　　　　（摄影：屈培青）
　　The Himalaya Center,Shanghai

766.西班牙巴塞罗那 米拉之家　　　　　（摄影：屈培青）
　　Casa Milà,Barcelona

建筑与构成　仿生学构成　267

767、768.法国 里昂国际机场　（摄影：王　敏）
Lyon Airport,France

769.巴塞罗那 巴约之家　　（摄影：王　敏）
Casa Bayeux,Barcelona

770、771.巴塞罗那 居埃尔公园（摄影：王　敏）
Guell Park,Barcelona

268　**建筑与构成**　仿生学构成

建筑与构成 COMPOSITION IN ARCHITECTURE

构成元素与地域文脉

ELEMENTS AND
REGIONAL CONTEXT

建筑师对地域文化的尊重，一方面要保证能够对所需材料进行有规律、有想法、有审美的组合和搭配，一方面也需要具备敏锐的眼光，能够利用适宜的手法和适宜的元素，赋予其符合当地地域性的新特征。

新疆国际大巴扎将现代建筑与传统文化元素有机地结合，在砖元素肌理的运用上，既反映了现代建筑的风格，又传承了浓郁的伊斯兰建筑文化。而苏公塔作为当地现存的历史古塔，其对砖肌理的运用也堪称经典，两相对比，我们不难发现建筑师的许多创作灵感都来源于传统的文脉建筑及地域文化。

772、773.苏公塔　　　　　　　（摄影：屈培青）
　　　Su Gong Tower,Xinjiang
774、775.新疆大巴扎　　　　　（摄影：屈培青）
　　　The Big Bazaar,Xinjiang
776、778.浙江宁波博物馆　　　（资料提供：倪　巍）
　　　Ningbo Museum
777、780.西班牙某建筑　　　　（摄影：屈培青）
　　　A Building in Spain
779.科伦巴艺术中心　　　　　　（摄影：屈　张）
　　　Kolumba Art Center,Koln

西班牙很多建筑都以砖石作为主材，这些建筑经历岁月的洗礼，其材料肌理表现出了历史的沧桑与厚重。

在德国科伦巴博物馆中，建筑师在新建筑设计中注重保护历史建筑遗产，将新建筑与保护建筑有机结合为一体。

同样，王澍先生在宁波博物馆中，在造型上采用了现代建筑风格的手法，但在材料肌理上选用了历史遗留的旧砖瓦来整合新建筑，体现了传统历史文脉的延续。三者相比殊途同归。

建筑与构成　构成元素与地域文脉　271

陕西秦岭山脉的河水与石头的结合是当地自然地貌的自然景观，当地村民将适当大小的石块砌筑成院墙和建筑，使民居置身于大山之中，与大自然的地貌融为一体。而建筑师用建筑的语言将这种习惯继承、提炼，再加以艺术的改造和实用性设计，成为一种合理的、具有地域特色的建筑处理方式。

781-783.玉山石柴（摄影：屈培青）
Father's House

陈炉古镇，山川秀美，罐罐垒墙，瓷片铺路，依山排布，密如蜂房。铜川陈炉古镇是宋元以后，耀州窑唯一尚在制瓷的旧址，自古以来村民用制瓷的废弃瓦罐砌筑成建筑院墙，无形中创造出了一种特殊的建筑肌理，留给世人深刻印象的并不是某一栋建筑，而是那统一和谐的整体风貌，这其中启发着建筑师对风貌保护的理解和认识。

784-789.铜川陈炉古镇
（摄影：屈培青）
Chen Lu Ancient Town

建筑与构成 构成元素与地域文脉 273

藏式建筑更多地表现为石、木、土的混合结构，有些建筑甚至不用黄泥做粘合剂，只依靠石头自身的承载与荷载力的相互作用结为整体，以至于在外观上，建筑常常以"干打垒式"的石结构给人留下醒目印象。这说明在长期的历史发展过程中，藏区人民根据自己所生活环境的地质和地貌特点，建筑材料的运用从实际出发，因地制宜，加上宗教色彩的渲染逐渐形成了独特的建筑风格，表现出强烈的民族特色。

790-792.藏羌民居　（摄影：屈培青）
Tibetan blockhouse

793-794.藏羌民居　（摄影：文　超）
Tibetan blockhouse

795-796.布达拉宫　（摄影：屈培青）
Potala Palace

建筑与构成 构成元素与地域文脉

雪山脚下，三江河畔，在丽江这片神奇的土地上，石头和木材成为再普通不过的两种物件，而一旦被运用于建筑，则成为表现当地地域特色的一种有效手段，加上建筑师的灵感与智慧，很容易便会产生一种优秀的设计作品。

797、798.丽江某小学（摄影：屈培青）
　　　Primary School, Li Jiang

799、800.丽江某会所（摄影：屈培青）
　　　Club of Li Jiang

本书手绘作品及构成作业作者名单
AUTHOR LIST OF HAND-PAINTED WORKS AND COMPOSITION WORKS

郭　辉	2004 级西安交通大学硕士	（导师：屈培青）	
	任职北京市建筑设计研究院刘晓钟工作室主创建筑师		
魏　婷	2005 级西安建筑科技大学硕士	（导师：屈培青）	
	任职中国建筑西北设计研究院屈培青工作室主设建筑师		
李　强	2005 级西安建筑科技大学硕士	（导师：屈培青）	
	任职中国建筑标准设计研究院新疆分院主创建筑师		
徐健生	2006 级西安建筑科技大学硕士	（导师：屈培青）	
	2009 级西安建筑科技大学博士	（博导：李志民）	
	任职中国建筑西北设计研究院屈培青工作室主创建筑师		
阎　飞	2006 级西安建筑科技大学硕士	（导师：屈培青）	
	任职中国建筑西北设计研究院屈培青工作室主创建筑师		
王　琦	2007 级西安建筑科技大学硕士	（导师：屈培青）	
	任职中国建筑西北设计研究院屈培青工作室主创建筑师		
李　照	2007 级西安建筑科技大学硕士	（导师：屈培青）	
	西安建筑科技大学博士在读	（博导：程泰宁）	
罗尚丰	2007 级西安交通大学硕士	（导师：屈培青）	
	任职UA 国际第六设计所主创建筑师		
高　伟	2008 级西安建筑科技大学硕士	（导师：屈培青）	
	任职中国建筑西北设计研究院屈培青工作室主创建筑师		
孙笙真	2008 级西安建筑科技大学硕士	（导师：屈培青）	
	任职中国建筑西北设计研究院屈培青工作室		
王　婧	2008 级西安建筑科技大学硕士	（导师：屈培青）	
	任职中国建筑西北设计研究院屈培青工作室		
许玉蛟	2009 级西安建筑科技大学硕士	（导师：屈培青）	
	任职中国建筑西北设计研究院屈培青工作室		
刘　婧	2009 级西安建筑科技大学硕士	（导师：屈培青）	
	任职中国建筑西北设计研究院屈培青工作室		
韩　熙	2009 级西安建筑科技大学硕士	（导师：屈培青）	
	纽约州立大学布法罗分校硕士在读		
苗　雨	2010 级西安建筑科技大学硕士	（导师：屈培青）	
	任职中国建筑西北设计研究院屈培青工作室		
马麒胜	2010 级西安建筑科技大学硕士	（导师：屈培青）	
	任职中国建筑西北设计研究院屈培青工作室		
张恒岩	2010 级西安建筑科技大学硕士	（导师：屈培青）	
	任职中国建筑设计研究院陈一峰工作室		
王朝霞	2010 级西安交通大学硕士	（导师：屈培青）	
	任职中国建筑设计研究院国家住宅工程中心		

文　超	2011 级华侨大学硕士学位在读	（导师：屈培青）	
李　楠	2011 级西安交通大学硕士在读	（导师：屈培青）	
宋文龙	2011 级西安交通大学硕士在读	（导师：屈培青）	
高　羽	2012 级西安建筑科技大学硕士在读	（导师：屈培青）	
梁　辰	2012 级西安建筑科技大学硕士在读	（导师：屈培青）	
刘　林	2012 级西安建筑科技大学硕士在读	（导师：屈培青）	
高晨子	2012 级西安建筑科技大学硕士在读	（导师：屈培青）	
张雪蕾	2012 级西安建筑科技大学硕士在读	（导师：屈培青）	
吴　丹	2012 级西安建筑科技大学硕士在读	（导师：屈培青）	
刘　汉	2012 级西安建筑科技大学硕士在读	（导师：屈培青）	
何玥琪	2012 级西安建筑科技大学硕士在读	（导师：屈培青）	
张文静	2012 级西安建筑科技大学硕士在读	（导师：屈培青）	
朱原野	2012 级西安建筑科技大学硕士在读	（导师：屈培青）	
曹　易	2013 级西安建筑科技大学硕士在读	（导师：屈培青）	
曹　哲	2013 级西安建筑科技大学硕士在读	（导师：屈培青）	
李大为	西安建筑科技大学硕士	（导师：张　博）	
	任职中国西北建筑设计研究院屈培青工作室		
屈　张	清华大学硕士	（导师：庄惟敏）	
	清华大学博士在读	（导师：庄惟敏）	
韩君华	2007 级重庆大学硕士	（导师：魏宏杨）	
	任职中国西北建筑设计研究院第三设计所		
王一乐	西安建筑科技大学硕士	（导师：王　军）	
	任职中国西北建筑设计研究院屈培青工作室		
张越原	西安建筑科技大学硕士	（导师：杨豪中）	
	任职中国西北建筑设计研究院屈培青工作室		
石　媛	西安建筑科技大学硕士	（导师：李志民）	
	留校西安建筑科技大学任职讲师		
陈鹏宇	西安建筑科技大学学生		
	任职上海联创建筑设计有限公司		
刘　鹏	2012级西安科技大学硕士在读	（导师：赵元超）	
尤伟阳	俄勒冈州大学硕士在读		
何敏聪	西安建筑科技大学学士		
	任职深圳市建筑设计研究总院		